Annette Weber

Kriminell gute Escape Stories Deutsch 7/8

Spannende Kriminalfälle Schritt für Schritt lösen und dabei mit Spaß die Lesekompetenz fördern

Wir haben uns für die Schreibweise mit dem Sternchen entschieden, damit sich Frauen, Männer und alle Menschen, die sich anders bezeichnen, gleichermaßen angesprochen fühlen. Aus Gründen der besseren Lesbarkeit für die Schüler*innen verwenden wir in den Kopiervorlagen das generische Maskulinum.
Bitte beachten Sie jedoch, dass wir in Fremdtexten anderer Rechtegeber*innen die Schreibweise der Originaltexte belassen mussten.

In diesem Werk sind nach dem MarkenG geschützte Marken und sonstige Kennzeichen für eine bessere Lesbarkeit nicht besonders kenntlich gemacht. Es kann also aus dem Fehlen eines entsprechenden Hinweises nicht geschlossen werden, dass es sich um einen freien Warennamen handelt.

1. Auflage 2024

Autor*innen: Annette Weber
© Annette Weber
Dieses Werk wurde vermittelt durch die Textbaby Medienagentur, www.textbaby.de
Illustrationen: Kristina Klotz
Satz: tebitron gmbh, Gerlingen
Druck und Bindung: Korrekt Nyomdaipari Kft.
ISBN 978-3-403-**08973**-5

www.auer-verlag.de

Inhaltsverzeichnis

Vorwort

Alle Leser lieben Spannung, darum ist besonders das Genre Krimi bei Kindern und Erwachsenen sehr beliebt. Noch spannender wird es allerdings, wenn man einen Krimi mit einem Rätsel verbindet. Dann bekommt der Krimi eine interaktive Komponente, denn man kann in dem Fall nur weiterkommen, wenn man das Rätsel gelöst hat.
Die Escape-Room-Reihe verbindet diese beiden Elemente miteinander. Die Schüler*innen müssen über fünf oder sechs miteinander verzahnten Episoden einen Kriminalfall lösen. Sie müssen Situationen genau betrachten, Zahlen miteinander kombinieren oder Verhöre entschlüsseln und werden auf die Weise zum genauen Lesen und zum Verknüpfen des Sachverhalts aufgefordert. Nur wenn alle Episoden gelöst sind, ist der Fall abgeschlossen.
Bewältigen sie das Rätsel nicht, können ihnen zwei Tippkärtchen weiterhelfen, die nacheinander in das Team oder zu dem*der einzelnen Schüler*in gegeben werden können. Wenn auch diese Hilfe nicht ausreicht, bietet sich immer noch die Alternative an, die Lösung herauszusuchen. Doch in der Regel sind die Aufgaben so gestellt, dass die Schüler*innen sie sowohl einzeln, als auch in Partner*innen- oder Gruppenarbeit meistern können.
Die Geschichten sind in zwei Differenzierungsstufen aufgeteilt, sodass sowohl schwächere als auch stärkere Schüler den Text lesen können. Die längeren und sprachlich anspruchsvolleren Texte sind mit einem Gewicht , die kürzeren und sprachlich leichteren mit einer Feder gekennzeichnet. Die Rätsel sind bei beiden Niveaustufen gleich. Zu jedem Rätsel gibt es zwei Tippkärtchen sowie die Lösung. Die Kärtchen können z. B. kopiert, ausgeschnitten und laminiert werden. Kommt ein Kind, ein Zweierteam oder eine Gruppe nicht weiter, kann die erste Tippkarte eventuell eine Hilfestellung bieten. Kann das Kind, das Zweierteam oder die Gruppe das Rätsel dann noch immer nicht lösen, gibt es den zweiten Tipp.
Die gestellten Aufgaben sind in einen spannenden Kriminalfall eingearbeitet. Er bietet Motivation genug, die richtige Lösung zu finden. Will man gleichwohl sicherstellen, dass die Lernenden die Rätsel lösen, kann die Lehrkraft dies in gewisser Weise steuern: Die Fortsetzung der Geschichte wird erst dann ausgeteilt, wenn die Schüler*innen die Lösung des Rätsels vorgelegt haben.
Zudem gibt es zu allen Escape Stories ein separates Rätselblatt, das wahlweise eingesetzt werden kann und eine doppelte Funktion hat. Zum einen dient es der Kontrolle der Rätsel: Die Schüler*innen können hier die Lösungen der Rätsel eintragen und das ausgefüllte Rätselblatt dann der Lehrkraft zur Kontrolle vorlegen, die den Rätselerfolg mit ihrer Unterschrift „amtlich" bestätigt. Zum anderen dient das Rätselblatt aber auch der Kontrolle des Gelesenen selbst. Auf diese Weise kann auch das Leseverständnis überprüft und insbesondere das genaue Lesen geübt werden. Über den Einsatz des Rätselblattes kann je nach Klasse und Unterrichtssituation entschieden werden.
Alle Kriminalfälle sind so angelegt, dass sie im Umfang und in der Schwere in 45 Minuten zu bewältigen sind.
Beim Rätseln, Tüfteln und Kombinieren wünsche ich Ihnen und Ihren Schüler*innen viel Erfolg!

Annette Weber

Rätsel um Mr. Williams

Wo ist Mr. Williams?

„Ruby? Remy?“

Mrs. Lane steckt ihren Kopf in das Zimmer ihrer Tochter Ruby. Ruby und ihre Zwillingsschwester Remy liegen gerade auf dem Sofa und hören Musik.

„Habt ihr Zeit, zu Mr. Williams Haus rüberzugehen?“, fragt ihre Mutter. „Er ist für eine Woche in den Urlaub gefahren. Er macht eine Rundreise mit der Bahn. Das hat er sich immer gewünscht. Ich habe ihm versprochen, seine Blumen zu gießen und seinen Papagei zu füttern. Aber ich schaffe es heute nicht.“

Ruby und Remy tauschen einen kurzen Blick. So richtig große Lust haben sie nicht dazu. Sie haben heute schon so lange an den Hausaufgaben gesessen und freuen sich, dass endlich Freizeit angesagt ist. Andererseits – Mr. Williams ist ein netter älterer Herr, und er ist immer großzügig zu ihnen gewesen, wenn sie ihm mal geholfen haben.

„Schon okay. Machen wir“, erklärt Ruby. „Aber nur, weil es Mr. Williams ist.“

Ihre Mutter gibt ihnen den Schlüssel von Mr. Williams Haus, und so machen sich die beiden auf den Weg. Als sie am Haus angekommen sind, ist es draußen schon dunkel. Die Zwillinge schalten das Licht an und betreten den Flur. Von da aus gehen sie dann in die Küche. Sie haben Mr. Williams oft besucht und kennen sein kleines Haus gut.

Mr. Williams liebt Blumen und hat sie in Töpfen überall im Haus verteilt: Im Wohnzimmer, in der Küche, sogar im Schlafzimmer und auf dem Flur.

Ruby schnappt sich die Gießkanne und füllt sie mit Wasser. Remy öffnet in der Zeit den unteren Bereich des Vogelkäfigs, um dem Papagei frisches Wasser und Futter zu geben. Als sie die Tüte mit den Körnern greifen will, fällt ihr Blick auf den Küchentisch. Wie merkwürdig, denkt sie. „Ruby, guck mal!“, ruft sie dann. Ruby kehrt in die Küche zurück und schaut sich ebenfalls um. „Das gibt es doch gar nicht“, wundert sie sich ebenfalls. „Was hat das denn zu bedeuten?“ „Das frage ich mich auch“, gibt Remy zurück. „Vielleicht ist Mr. Williams gar nicht weggefahren.“

„Aber wo ist er dann?“, will Ruby wissen.

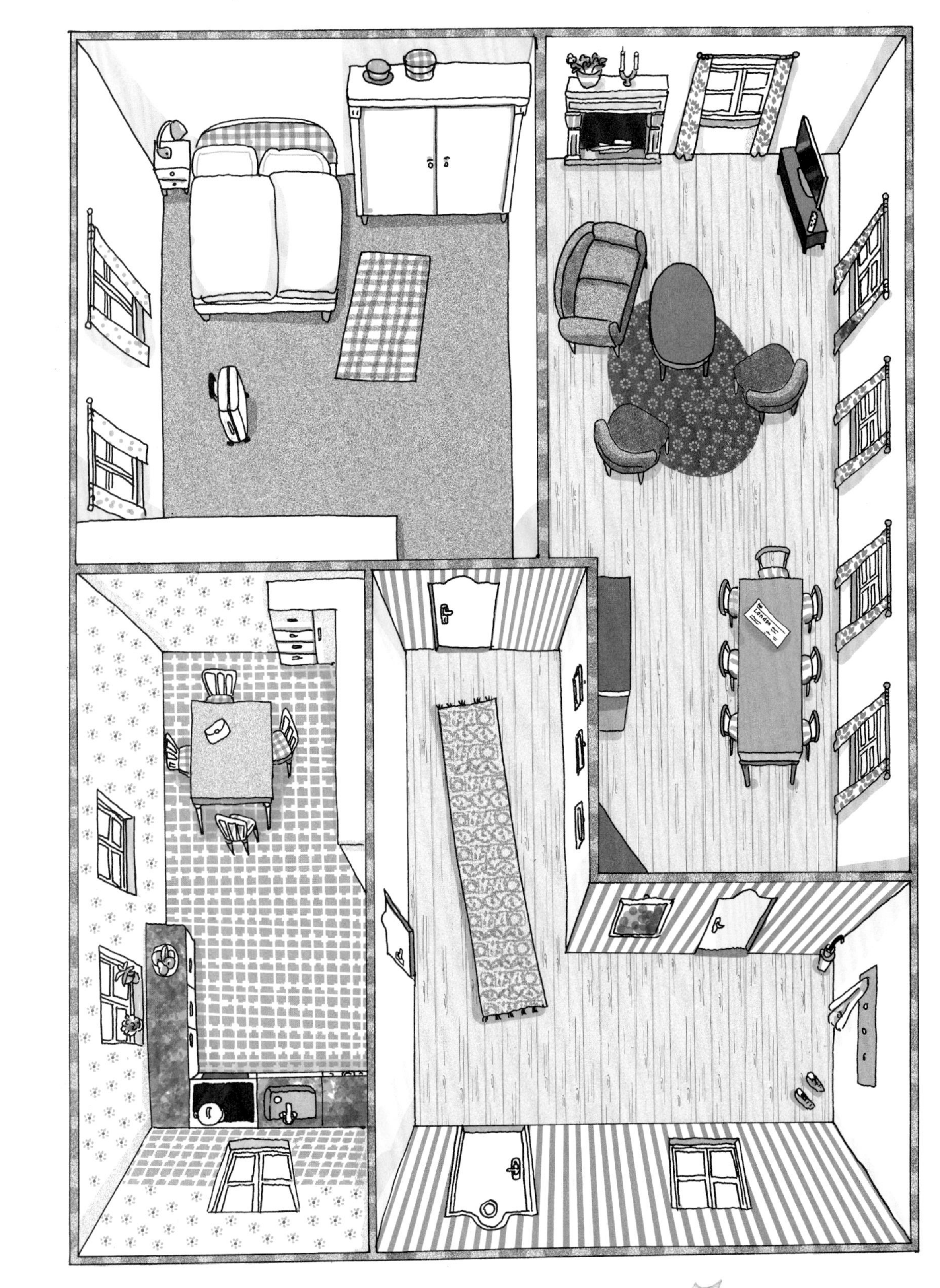

Du weißt nicht weiter?
Dann hole dir einen Tipp!

Papageienalarm

Remy und Ruby schauen sich ängstlich um. Das Haus kommt ihnen plötzlich so unheimlich vor.

„Ob sich wohl Geld im Portemonnaie befindet?“, will Ruby wissen. „Wenn er in den Urlaub fahren wollte, hat er doch bestimmt Geld eingesteckt.“

„Stimmt“, gibt Remy zurück. Sie öffnet die Geldbörse und schaut hinein. Gleichzeitig fühlt sie sich dabei nicht besonders wohl. So etwas tut man ja eigentlich nicht.

„Nur ein paar Penny“, stellt sie fest. „Scheine sind gar nicht darin.“

„Das ist ja noch merkwürdiger“, murmelt Ruby. „Vielleicht ist er beklaut worden.“

Jetzt fällt ihr auf, dass der Papagei so merkwürdig zu ihr hinüberschaut. Dabei hält er den Kopf schief und fixiert Ruby mit einem Auge.

„Der Papagei hat bestimmt alles gesehen“, stellt Ruby fest. „Schade, dass er uns das nicht erzählen kann.“

Remy betrachtet den Papagei genauer. Er trägt einen Ring um sein Bein, auf dem „Lori“ steht.

„Lori, weißt du, wo Mr. Williams ist?“, wendet sich Remy an ihn.

Lori hüpft wild auf seiner Stange herum. Dann kommt er ganz nah an die Gitterstäbe des Käfigs.

„Krokrakruchbesuch“, krächzt er.

„Was?“, wundert sich Remy.

„Krokrakrakrutfraumithut.“

„Lass doch, Remy“, winkt Ruby ab. „Das ist doch nur Zeitverschwendung. Wir sollten Mama Bescheid sagen und vielleicht die Polizei einschalten.

„Was sagst du?“, fragt Remy nach.

„Krikrokratschwarzerbart, „Krokrakrommersprossensommer“, brabbelt Lori.

Aber die Zwillinge verstehen nur Bahnhof.

Beunruhigt verlassen sie schließlich das Haus.

Du weißt nicht weiter?
Dann hole dir einen Tipp!

Seltsamer Fund

Die Zwillinge haben es nun eilig, nach Hause zu kommen. Mrs. Lane bereitet gerade das Abendessen vor. Ihr Vater deckt den Tisch.

„Mum, Dad, es ist was Komisches passiert“, berichtet Ruby, und dann erzählen beide abwechselnd, was sie bei Mr. Williams erlebt haben. Den Eltern erscheint das auch merkwürdig.

„Vielleicht hatte er all seine Sachen in einem Brustbeutel“, überlegt die Mutter. „Er ist immer sehr vorsichtig.“

„Aber seine Geldbörse lag da. Und die Fahrkarte auch“, gibt Remy zu bedenken. „Dann ist er doch noch gar nicht weggefahren.“

Da stimmen ihr die Eltern zu.

„Ich gehe nochmal zu seinem Haus rüber“, überlegt die Mutter.

Ruby und Remy beschließen, mitzukommen. Zusammen machen sie sich auf den Weg.

Draußen ist es noch dunkler, und so erscheint allen das Haus noch unheimlicher als vorher. Remy und Ruby drücken sich eng an ihre Mutter, als sie das Haus betreten. Es ist ganz still. „Mr. Williams?“, ruft die Mutter, aber niemand antwortet.

Die drei gehen in die Küche, von da ins Wohnzimmer, zuletzt ins Schlafzimmer. Alles ist noch genauso, wie Remy und Ruby es verlassen haben.

Der Papagei hüpft aufgeregt von Stange zu Stange, aber er redet nicht mehr.

„Vielleicht finden wir irgendwas in Mr. Williams Schreibtisch“, überlegt Ruby. Ihre Mutter nickt, und so öffnen die drei schließlich die Schublade des Schreibtisches.

Leise pfeift Ruby durch die Zähne.

„Jetzt bin ich mir sicher, dass Mr. Williams überfallen wurde“, sagt sie.

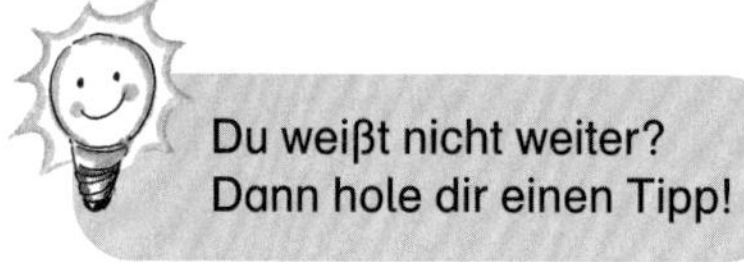

Mit Bill unterwegs

Als die drei aus Mr. Williams Haus kommen, steht plötzlich ein großer Hund neben ihnen. Sie hätten ihn beinahe nicht gesehen, denn er ist so schwarz wie die Nacht finster.

„Bill!“, ruft Mrs. Lane überrascht. Dann wendet sie sich an ihre Töchter. „Das ist Bill, der Hund von Mr. Williams.“

Ruby beugt sich zu ihm hinunter und streichelt ihn. „Er ist ganz nass“, stellt sie fest. „Und Blätter hängen an seinem Fell.“

„Vielleicht hat er Mr. Williams gesucht und gefunden“, überlegt Remy.

Mrs. Lane denkt nach. „Bill ist ein großartiger Schutzhund“, fällt ihr ein. „Vielleicht kann er sein Herrchen finden.“

„Wir sollten ihm ein Kleidungsstück von Mr. Williams geben“, überlegt Ruby. Sie geht in das Haus zurück und kommt mit einem Pullover zurück. Den hält sie dem Hund unter die Nase.

„Such!“, ruft sie. Bill schnüffelt an dem Pullover. Dann dreht er sich um und rennt los. Es ist allerdings so dunkel draußen, dass alle Mühe haben, dem Hund zu folgen.

„Hier gibt es vier Wege?“, ruft Mrs. Lane. „Welchen hat Bill genommen?“

„Es ist einer der Wege in der Mitte“, gibt Ruby zurück. „Zuerst liegen da zwei Steine. Dann wird es sandig.“

„Ich kann euch nicht sehen“, meldet sich Remy. „Wo seid ihr?“

„Bill und ich sind auf einer Brücke angekommen“, schreit Ruby. „Unter mir fließt ein Bach.“ Bill bellt, und da finden auch die anderen die Richtung. Danach geht es weiter geradeaus. „Da vorne ist ein kleines Haus“, stellt Mrs. Lane fest. „Ob Mr. Williams wohl …“ Aber Bill rennt an dem Haus vorbei. Der Weg wird schmaler. Immer noch geht es geradeaus. Dann endet der Weg an einer Kreuzung.

„Bill, wo bist du denn jetzt?“, will Ruby wissen. „Er ist nach links abgebogen“, stellt Remy fest. Jetzt geht es ein Stück in die andere Richtung. Fast fühlt es sich so an, als wenn Bill zurückläuft. Wieder überqueren sie den Bach. Wieder wird der Weg schmaler. „Bill, wo bist du denn?“, ruft Mrs. Lane verstört. „Ich kann gar nichts mehr sehen.“ „Ich glaube, er ist nach rechts abgebogen“, erwidert Ruby.

Der Weg ist sandig und schmal. Und er endet an einer …

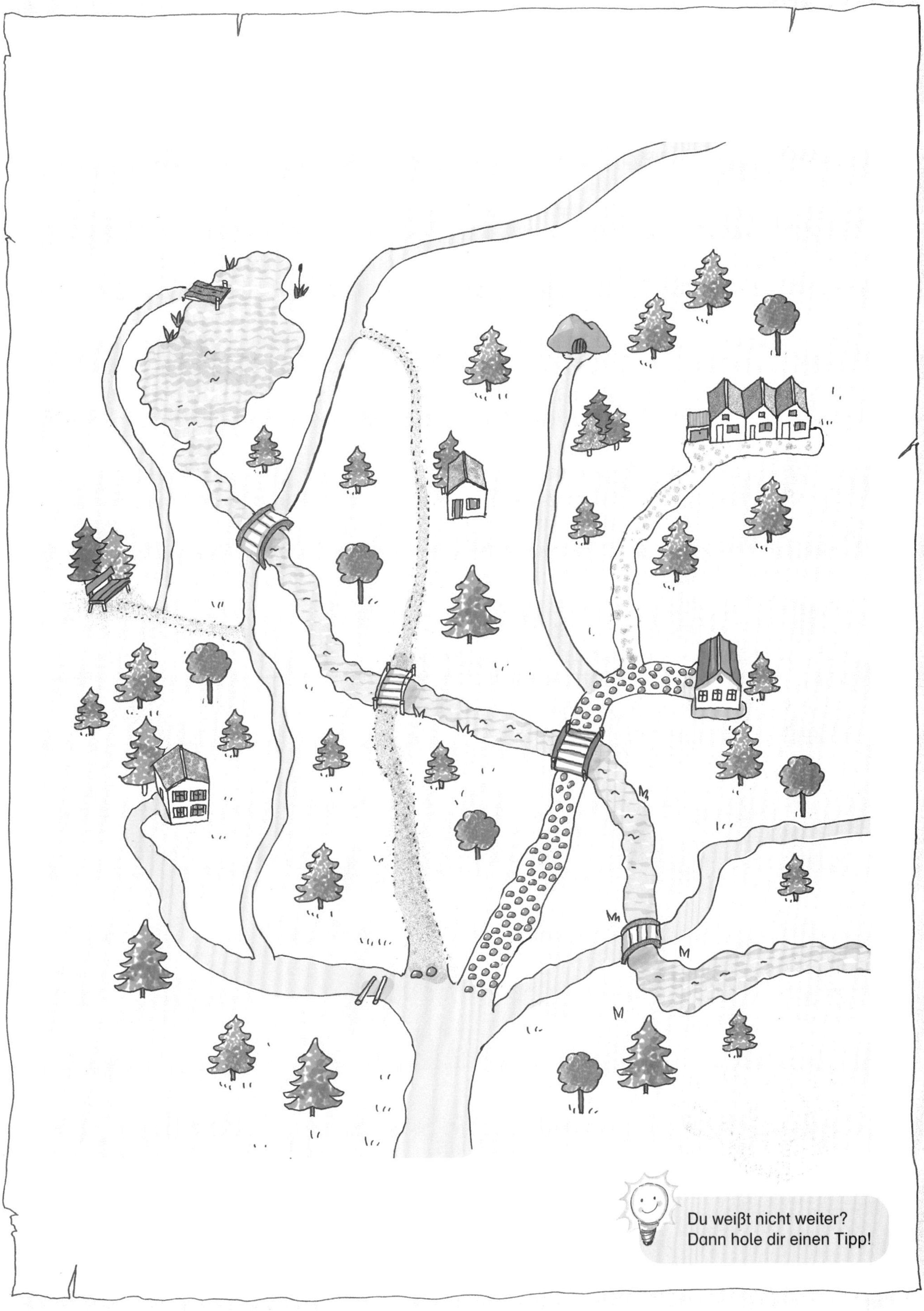

Du weißt nicht weiter?
Dann hole dir einen Tipp!

Dunkle Erinnerungen

Mr. Williams liegt ausgestreckt auf der Bank. Seine Augen sind geschlossen, aber er atmet. Das erleichtert alle.

„Mr. Williams? Sind Sie okay?“

Mrs. Lane fasst den alten Mann am Arm und rüttelt ihn. Da schlägt er seine Augen auf. Verwundert schaut er sich um, richtet sich dann auf.

„Wo bin ich? Was ist los?“

Er setzt sich auf und betrachtet Mrs. Lane und ihre beiden Töchter. Die setzen sich neben ihn. „Sagen Sie uns, was passiert ist“, bittet ihn Ruby.

Mr. Williams denkt nach. „Ich habe Besuch bekommen“, fällt ihm schließlich ein. „Von meiner Nichte Claire. Sie wollte sich von mir verabschieden, weil sie in den Urlaub fahren wollte. Wir haben zusammen Tee getrunken …“

Mr. Williams denkt nach. „Und danach weiß ich nichts mehr“, sagt er dann.

„Vielleicht hat sie Ihnen etwas in den Tee getan!“, ruft Remy aufgeregt.

Mr. Williams fasst sich an den Kopf. „Ich weiß es auch nicht“, seufzt er dann. „Ich habe schreckliche Kopfschmerzen.“ „Sie sollten ins Krankenhaus gehen“, schlägt Mrs. Lane vor, aber das will Mr. Williams nicht. Er möchte nach Hause und sich in sein Bett legen. Die drei begleiten ihn zu seinem Haus und versorgen ihn dort gut.

Rubys Blick fällt auf ein Familienfoto, das auf dem Fernsehschränkchen steht.

„Mr. Williams? Ist Ihre Nichte da drauf?“, will sie wissen.

Mr. Williams wirft einen Blick darauf. Dann zeigt er auf eine Frau mit einem Hut.

„Das ist Claire – zusammen mit ihrem Mann Paul.“

Plötzlich wird Ruby etwas klar.

Kurze Zeit später benachrichtigt Mrs. Lane die Polizei. Die Nichte und ihr Mann werden festgenommen.

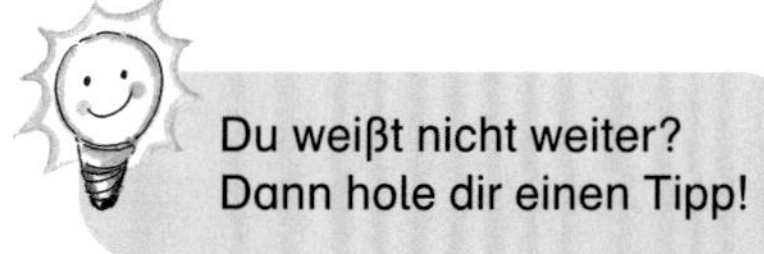

Wo ist Mr. Williams?

Ruby und ihre Zwillingsschwester Remy liegen auf dem Sofa und hören Musik. Ihre Mutter schaut ins Zimmer
„Könnt ihr wohl zu Mr. Williams hinübergehen?“, fragt ihre Mutter. „Er ist für eine Woche verreist. Ich wollte in der Zeit seine Blumen gießen und seinen Papagei füttern. Aber ich schaffe es heute nicht.“
Ruby und Remy haben zwar keine Lust, aber sie gehen trotzdem. Mr. Williams ist ein netter älterer Herr, und er ist immer hilfsbereit.
Ihre Mutter gibt ihnen den Schlüssel von Mr. Williams Haus. Dann machen sich beide auf den Weg. Draußen wird es schon dunkel. Die Zwillinge betreten das Haus und schalten das Licht an. Dann gehen sie in die Küche. Sie kennen sein kleines Haus gut.
Mr. Williams hat überall Blumen: Im Wohnzimmer, in der Küche, sogar im Schlafzimmer und auf dem Flur. Ruby füllt die Gießkanne mit Wasser. Remy gibt inzwischen dem Papagei frisches Wasser und Futter. Plötzlich fällt ihr Blick auf den Küchentisch. „Ruby, guck mal!“, ruft sie dann. Ruby kehrt in die Küche zurück und schaut sich ebenfalls um. „Das gibt es doch gar nicht“, wundert sie sich ebenfalls. „Was hat das denn zu bedeuten?“ „Das frage ich mich auch“, gibt Remy zurück. „Vielleicht ist Mr. Williams gar nicht weggefahren.“
„Aber wo ist er dann?“, will Ruby wissen.

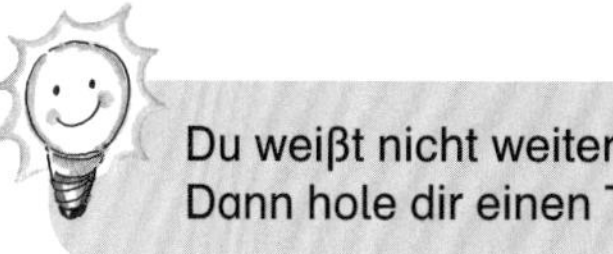

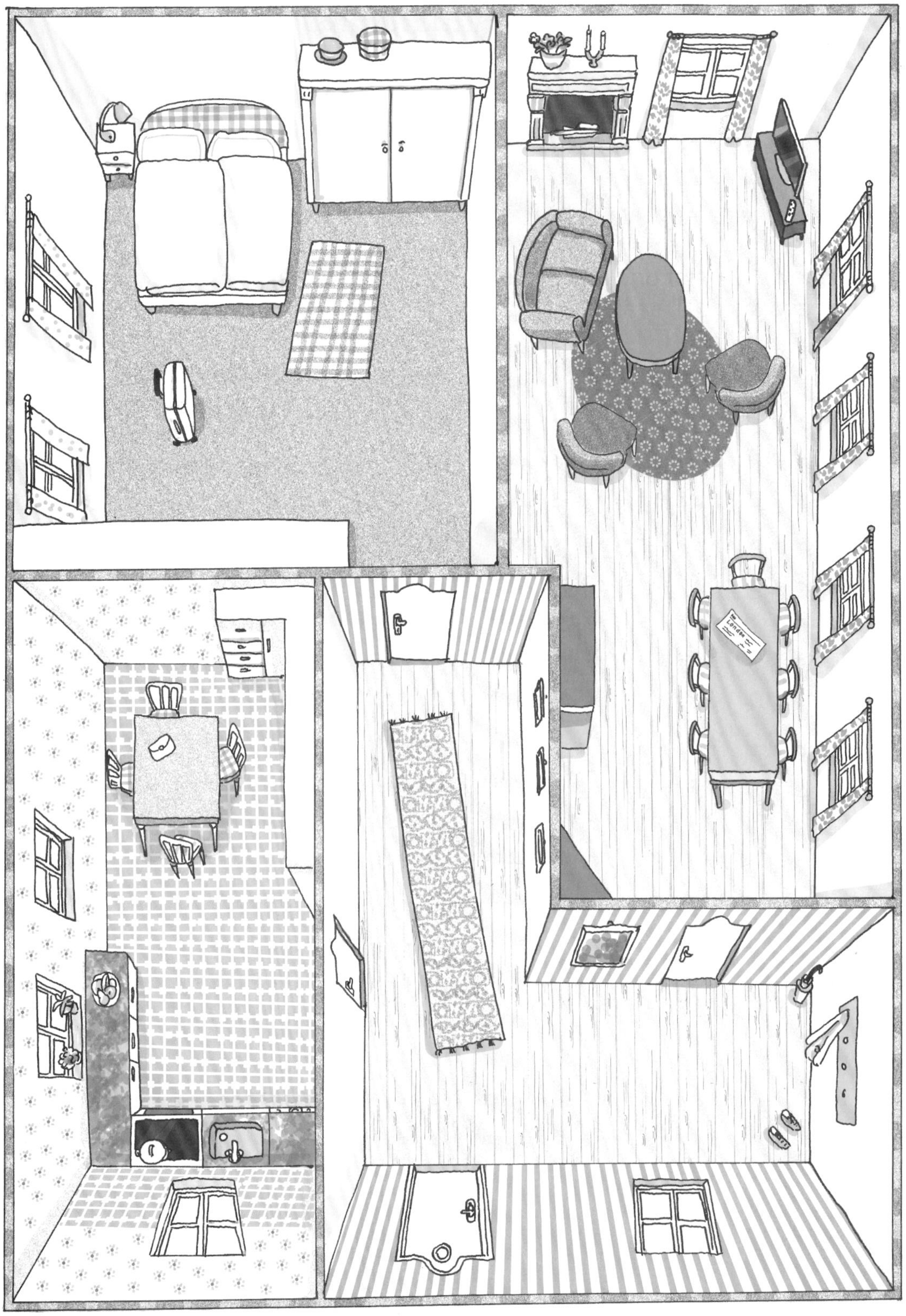

Rätsel um Mr. Williams

Du weißt nicht weiter?
Dann hole dir einen Tipp!

Papageienalarm

Remy und Ruby bekommen Angst. Das ist alles so unheimlich.

„Wie viel Geld ist im Portemonnaie?“, will Ruby wissen. „Wenn er in den Urlaub fahren wollte, hat er doch Geld eingesteckt.“

„Stimmt.“ Remy öffnet die Geldbörse und schaut hinein.

„Nur ein paar Penny“, stellt sie fest. „Sonst nichts.“

„Das ist ja noch merkwürdiger“, murmelt Ruby. „Vielleicht ist er beklaut worden.“

Der Papagei beobachtet die Kinder misstrauisch.

„Der Papagei hat bestimmt alles gesehen“, merkt Ruby an. „Schade, dass er nicht reden kann.“

Remy sieht sich den Papagei an. Auf dem Ring an seinem Bein steht „Lori“.

„Lori, weißt du, wo Mr. Williams ist?“, fragt Remy.

Lori hüpft wild im Käfig herum.

„Krokrakruchbesuch“, krächzt er.

„Was?“, wundert sich Remy.

„Krokrakrakrutfraumithut.“

„Lass doch, Remy“, winkt Ruby ab. „Wir sollten Mama Bescheid sagen und vielleicht die Polizei einschalten.

„Was sagst du?“, fragt Remy nach.

„Krikrokratschwarzerbart“, brabbelt Lori. „Krokrakrommerspros-sensommer.“

Aber die Zwillinge verstehen nur Bahnhof.

„Lass uns gehen“, schlägt Ruby vor.

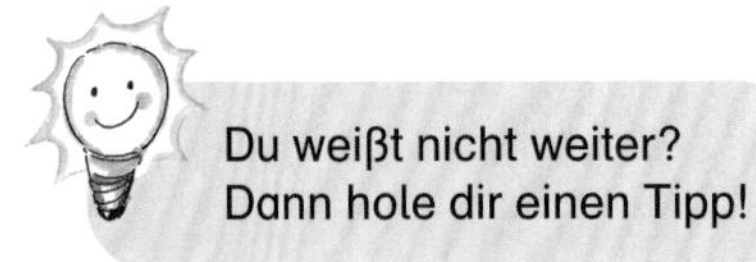

Seltsamer Fund

Die Zwillinge laufen nach Hause. Ihre Eltern bereiten gerade das Abendessen vor.

Aufgeregt erzählen die Zwillinge, abwechselnd, was sie erlebt haben. Den Eltern erscheint das auch merkwürdig.

„Vielleicht hatte er all sein Geld in einem Brustbeutel“, überlegt die Mutter. „Er ist immer sehr vorsichtig.“

„Aber seine Geldbörse und die Fahrkarte lagen auf dem Tisch“, ruft Remy. „Dann ist er doch gar nicht weggefahren.“

„Ich gehe noch mal zu seinem Haus rüber“, überlegt die Mutter. Ruby und Remy gehen mit ihr.

Das Haus erscheint allen noch unheimlicher als vorher.

„Mr. Williams?“, ruft die Mutter, aber niemand antwortet.

Die drei gehen in die Küche, von da ins Wohnzimmer, zuletzt ins Schlafzimmer. Alles ist noch genauso wie vorher.

Der Papagei hüpft aufgeregt von Stange zu Stange, aber er redet nicht mehr.

„Vielleicht finden wir irgendwas in Mr. Williams Schreibtisch“, überlegt Ruby schließlich. Ihre Mutter nickt. Sie öffnet die Schublade des Schreibtisches.

Leise pfeift Ruby durch die Zähne.

„Mr. Williams wurde überfallen“, ruft sie. „Jetzt bin ich mir sicher.“

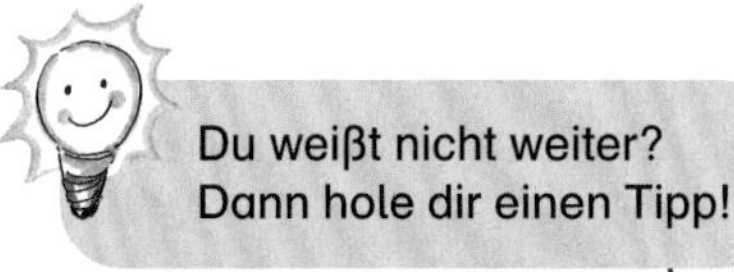

Mit Bill unterwegs

Als die drei aus Mr. Williams Haus kommen, steht plötzlich ein großer Hund neben ihnen.
„Das ist Bill, der Hund von Mr. Williams", ruft Mrs. Lane überrascht. Ruby streichelt ihn. „Er ist ganz nass", stellt sie fest.
„Bestimmt hat er Mr. Williams gesucht", überlegt Remy.
Mrs. Lane denkt nach. „Vielleicht kann er sein Herrchen finden", fällt ihr ein. Ruby geht in das Haus zurück und kommt mit einem Pullover zurück. Den hält sie dem Hund unter die Nase.
„Such!", ruft sie. Bill rennt los. Draußen ist es stockdunkel. Die drei können kaum etwas sehen.
„Hier gibt es vier Wege?", ruft Mrs. Lane. „Welchen hat Bill genommen?"
„Er ist in der Mitte", gibt Ruby zurück. „Zuerst liegen da zwei Steine. Dann wird es sandig."
„Ich kann euch nicht sehen", meldet sich Remy. „Wo seid ihr?"
„Auf einer Brücke", schreit Ruby zurück. „Unter mir fließt ein Bach."
Bill bellt. Er wartet, bis alle da sind. Dann geht es weiter geradeaus.
„Da vorne ist ein kleines Haus", stellt Mrs. Lane fest. Aber Bill rennt weiter. Der Weg wird schmaler. Immer noch geht es geradeaus. Dann kommt eine Kreuzung.
„Bill, wo bist du denn jetzt?", will Ruby wissen. „Er geht nach links", stellt Remy fest. Jetzt geht es ein Stück in die andere Richtung. Wieder überqueren sie den Bach. Wieder wird der Weg schmaler. „Bill, wo bist du denn?", ruft Mrs. Lane.
„Ich glaube, er ist nach rechts abgebogen", überlegt Ruby.
Der Weg ist sandig und schmal. Und er endet an einer …

Rätsel um Mr. Williams

Du weißt nicht weiter?
Dann hole dir einen Tipp!

Dunkle Erinnerungen

Mr. Williams liegt auf der Bank. Seine Augen sind geschlossen, aber er atmet.

„Mr. Williams? Sind Sie okay?“

Mrs. Lane fasst den alten Mann am Arm und rüttelt ihn. Da schlägt er seine Augen auf. Verwundert richtet er sich auf.

„Wo bin ich? Was ist los?“

Er betrachtet Mrs. Lane und ihre beiden Töchter.

„Was ist passiert?“, fragt Ruby.

Mr. Williams denkt nach. „Meine Nichte Claire ist zu Besuch gekommen“, fällt ihm schließlich ein. „Sie wollte sich von mir verabschieden. Wir haben zusammen Tee getrunken … und danach weiß ich nichts mehr.“

„Vielleicht hat sie Ihnen etwas in den Tee getan!“, ruft Remy aufgeregt.

Mr. Williams fasst sich an den Kopf. „Ich habe schreckliche Kopfschmerzen“, stöhnt er.

„Sie müssen ins Krankenhaus“, sagt Mrs. Lane, aber das will Mr. Williams nicht. Er möchte nach Hause. Die drei begleiten ihn.

Auf dem Fernsehschränkchen steht ein Familienfoto. Ruby betrachtet es.

„Mr. Williams? Ist Ihre Nichte da drauf?“, will sie wissen.

Mr. Williams nickt. Dann zeigt er auf eine Frau mit einem Hut.

„Das ist Claire – zusammen mit ihrem Mann Paul.“

Plötzlich wird Ruby etwas klar.

Kurze Zeit später benachrichtigt Mrs. Lane die Polizei. Die Nichte und ihr Mann werden festgenommen.

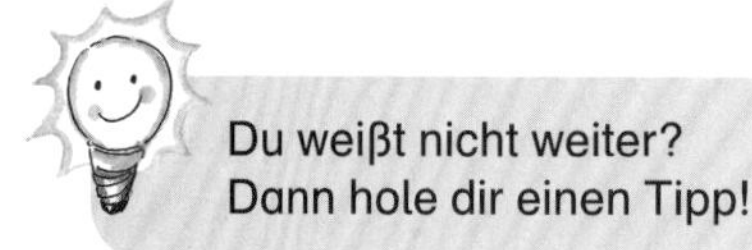

Wo ist Mr. Williams?

Wo ist Mr. Williams?
Tipp 1: In dem Haus befinden sich Dinge, die Mr. Williams mit auf die Reise genommen hätte.

Wo ist Mr. Williams?
Tipp 2: Es sind fünf Gegenstände

Wo ist Mr. Williams?
Lösung:
G E L D B O E R S E
K O F F E R
J A C K E
S C H U H E
F A H R K A R T E

Papageienalarm

Papageienalarm
Tipp 1: Die ersten krächzenden Silben musst du streichen.

Papageienalarm
Tipp 2: Die folgenden Wörter sind zusammengeschrieben. Eins ist falsch herum.

Papageienalarm
Lösung: Besuch – Frau mit Hut – schwarzer Bart – sprossensommer → Sommersprossen

Seltsamer Fund

Seltsamer Fund
Tipp 1: Schau dir die Papiere an.

Seltsamer Fund
Tipp 2: Achte auf den Kontoauszug

Seltsamer Fund
Lösung: Mr. Williams hat 10 000,– € von seinem Konto abgehoben.

Mit Bill unterwegs

Mit Bill unterwegs
Tipp 1: Folge den Anweisungen von Ruby, Remy und Mrs. Lane

Mit Bill unterwegs
Tipp 2: Zeichne den Weg mit einem Stift ein.

Mit Bill unterwegs
Lösung: Bank

Dunkle Erinnerungen

Dunkle Erinnerungen
Tipp 1: Schaue, wer neben der Nichte steht.

Dunkle Erinnerungen
Tipp 2: Lies noch einmal die Aussagen des Papageis nach.

Dunkle Erinnerungen
Lösung: Der Mann der Nichte hat einen schwarzen Bart und Sommersprossen. Er war ebenfalls mit bei Mr. Williams zu Besuch.

Wo ist Mr. Williams?

Episodenaufgabe:
Welche Wörter befinden sich nicht in der Geschichte?

Zwillinge – Urlaub – Abendessen – Schlafzimmer – Papagei – Geheimnis

Lösung des Rätsels:

____

Papageienalarm

Episodenaufgabe:
In diesem Suchsel befindet sich ein wichtiges Schlüsselwort der Geschichte. Kreise es ein.

H	J	I	O	P	R	F
T	Z	O	L	L	G	G
M	I	R	P	P	E	E
D	X	V	K	L	O	L
W	Q	T	Z	J	S	D

Lösung des Rätsels:

____

Seltsamer Fund

Episodenaufgabe:
Füge die Silben zusammen. Dann findest du Dinge, die wichtig für die Geschichte sind:

bör de fahr geld kar la schreib schub se te tisch

Lösung des Rätsels:

____

Mit Bill unterwegs

Episodenaufgabe:
Kennst du die Namen der Geschichte?

1. Der alte Mann heißt
a) Mr. Willems
b) Mr. Williams

2. Die Zwillinge heißen
a) Remy und Rony
b) Ruby und Remy

3. Ihr Nachname ist
a) Lane
b) Lake

4. Der Hund heißt
a) Pim
b) Bill

Lösung des Rätsels:

____

Dunkle Erinnerungen

Episodenaufgabe:
Wie hängt alles zusammen? Fülle den Lückentext aus:

Mr. Williams Nichte ______________ besuchte ihren Onkel. Sie nahm auch ______________ mit, der sich im Haus ______________. Claire trank mit ihrem Onkel ______________. Dabei tat sie ihm ______________ in den Tee. Mr. Williams schlief ein. Claire und Paul brachten ihn ______________. Dann raubten sie das Geld, das er sich für ______________ zurückgelegt hatte.

Lösung des Rätsels:

____

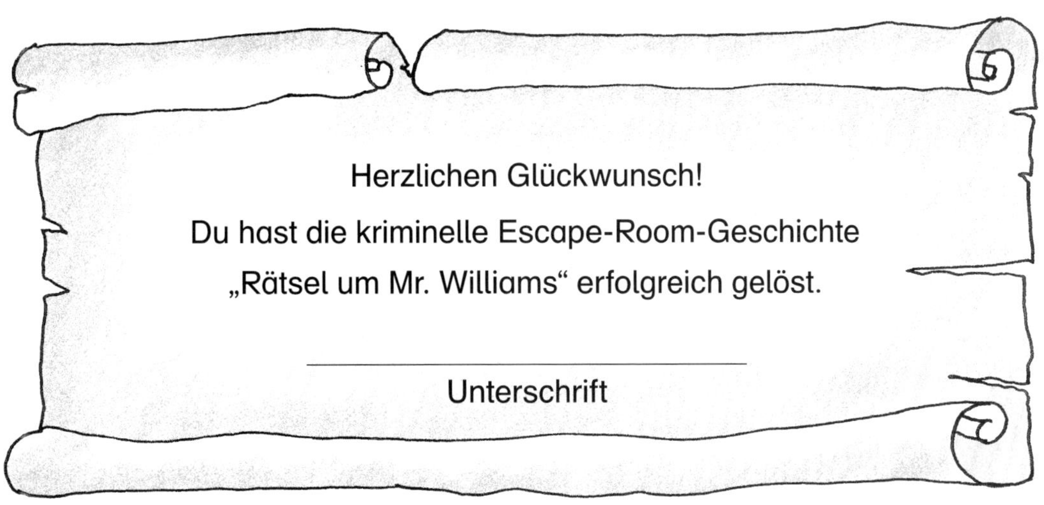

Wo ist Mr. Williams

Abendessen – Geheimnis

Papageienalarm

Geld

Seltsamer Fund

Geldbörse, Fahrkarte, Schreibtischschublade

Mit Bill unterwegs

1 b) Mr. Williams, 2 b) Ruby und Remy, 3 a) Lane, 4 b) Bill

Dunkle Erinnerungen

Mr. Williams Nichte **Claire** besuchte ihren Onkel. Sie nahm auch **Paul** mit, der sich im Haus **versteckte**. Claire trank mit ihrem Onkel **Tee**. Dabei tat sie ihm **ein Schlafmittel/K.-o.-Tropfen** in den Tee. Mr. Williams schlief ein. Claire und Paul brachten ihn **nach draußen/zu einer Bank**. Dann raubten sie das Geld, das er sich für **den Urlaub/die Reise** zurückgelegt hatte.

Die Zeitmaschine

Alles Theater

„Olli? Lies mal!"

Franziska steht am Schwarzen Brett der Erich-Fried-Schule und starrt auf einen Zettel mit einem abgerissenen Rand. „Habt ihr auch Lust, Theater zu spielen?", steht darauf. „Dann kommt am Dienstag in der großen Pause in die Aula. Da können wir uns kennenlernen." Olli stellt sich neben Franziska und studiert den Zettel ebenfalls.

„Theater spielen? Dazu habe ich riesige Lust", ruft er begeistert. Franziska geht es genauso. Sie hat schon in der Grundschule gerne Rollenspiele gemacht.

Sie können den Dienstag kaum erwarten.

Am Dienstag wartet eine Gruppe mit drei Schülern auf sie: Jette, Marlene und Frieder. Olli und Franziska haben diese Kids noch nie gesehen. Ob sie in ihrer Schule sind, wissen sie nicht.

„Unser Theaterstück heißt: Reise in die Vergangenheit", berichtet das kleine blonde Mädchen, das Jette heißt. „Wir müssen darum in dieses kleine Schiff steigen und uns auf eine Zeitreise begeben."

Frieder zeigt auf ein seltsames Fahrzeug, das wie eine Mischung aus Schiff und Auto aussieht.

„Zeitreise?", wundert sich Olli. „Ich dachte, wir spielen Theater."

„Das tun wir auch", erklärt Frieder. „Aber wir spielen auf einer Bühne auf der Rabenburg. Da gibt es ein großes Fest."

So ein Quatsch, will Franziska sagen, aber Frieder drängt sie schon in das Fahrzeug.

„Siehst du da vorne das Rad?", will er wissen. „Damit kannst du die Zeit einstellen."

„Und welche Zeit soll ich nehmen?", wundert sich Franziska.

„Die Rabenburg wurde 1258 erbaut", erklärt Jette. „In dieses Jahr müssen wir reisen."

„Kein Problem", grinst Olli und will das Rad einstellen. Doch dann bemerkt er, dass sich gar keine Zahlen darauf befinden, nur Buchstaben wie X und C und I.

„Was soll ich denn einstellen?", fragt er verwundert.

Auf dem Mittelaltermarkt

Plong macht es, und Franziska landet direkt auf dem Marktplatz einer Stadt. Und zwar auf dem Hinterteil – und das tut ganz schön weh. Franziska reibt sich verwirrt den Po, steht dann langsam auf. Wo ist sie hier? Menschen scharen sich um Obst- und Gemüsestände, Hühner und Gänse laufen herum und über ihr balanciert ein Seiltänzer auf einem Seil. Und wie sehen die Menschen aus? Der Mann neben ihr trägt einen Umhang aus braunem Leinen. Er hat ein Seil um seine Hüften gebunden. Auf dem Kopf hat er einen Hut, der dreieckig nach vorne läuft. Besonders eindrucksvoll aber ist sein wilder Bart. Böse schaut er Franziska an. Die blickt an sich herunter. Auch sie ist mittelalterlich gekleidet, mit langem dunkelrotem Gewand und einem so engen Gürtel, dass er ihr fast die Luft abschnürt. Ihre Schuhe sehen aus wie Stofffetzen aus Leder. Ängstlich blickt sie sich um. Wo sind wohl die anderen? Ist dieses Mädchen mit dem Fransenumhang und der komischen Haube nicht Jette? Die blonden lockigen Haare und die vielen Sommersprossen passen zu ihr? Auch sie schaut sich ängstlich um. Und dieser Junge mit der schwarzen Tunika und den Schnabelschuhen könnte Olli sein. Er sieht genauso ratlos aus wie Franziska.

„Weg da!", schreit ein Mann und schubst Franziska zur Seite, damit er mit seinem Ochsen über den Platz gehen kann. Der Ochse zieht einen Karren, auf dem Säcke mit Kartoffeln stehen. Franziska stolpert gegen eine junge Frau, die einen langen Kapuzenumhang trägt. Die Frau stürzt, das Kleid rutscht ein Stück nach oben und Franziska erkennt etwas Ungewöhnliches. Die Frau trägt eine geblümte Unterhose – obwohl man im Mittelalter doch noch gar keine Unterwäsche hatte.

„Marlene?", fragt Franziska leise. Die junge Frau nickt.

„Ich habe dich auch erkannt", sagt sie. „Du hast dein Handy dabei, oder?"

Verblüfft fasst Franziska in die Tasche ihres Kleides. Und tatsächlich, sie hat ihr Handy dabei. Ob sie vielleicht Jette, Frieder und Olli auch aus der Menge herausfinden?

Die Zeitmaschine

			E	C		

								H	

S		O								

Du weißt nicht weiter?
Dann hole dir einen Tipp!

Gefangen

So etwas Verrücktes hat Franziska noch nie erlebt. Mit einer Zeitmaschine ist sie mitten im Mittelalter gelandet. Sie muss unbedingt für ihre Freunde ein Video drehen. Vorsichtig zieht Franziska ihr Handy aus der Tasche und schaut auf das Display. Natürlich bleibt alles dunkel. Logisch! Es gab ja zu dieser Zeit noch kein Internet. Es gab ja noch nicht mal Strom. „Was ist das?“, faucht sie schließlich eine alte Frau an. Sie sieht aus wie eine Wahrsagerin. „Gar nichts“, gibt Franziska erschrocken zurück und versucht, das Handy in die Tasche zu schieben. Aber die Frau ist schneller. Wütend schlägt sie ihr das Handy aus der Hand. Dann schreit sie laut in die Menge: „Das Mädchen hat einen Zauberspiegel!“ „Was denn für ein Zaubersp...“ beginnt Franziska verwirrt. Doch im selben Moment spürt sie, wie ihr jemand einen Sack über den Kopf stülpt. Franziska schreit, spuckt und schlägt um sich. Der Sack stinkt nach faulen Kartoffeln. Aber sie hat keine Chance. Starke Hände packen sie und ziehen sie mit. Franziska bleibt nichts anderes übrig, als mitzulaufen. Es geht zunächst einen kleinen Weg entlang, dann wird sie gezwungen, drei Stufen hochzugehen. Danach folgt ein Sandweg. Franziska stemmt ihre Beine fest in den Sand, doch es hilft nichts. Sie muss immer weitergehen. Es geht zunächst nach rechts, dann über eine Holzbrücke. Franziska hört das Rauschen eines Flusses unter sich. Dann geht der Sandweg weiter. Jetzt wird Franziska wieder gezwungen, rechts abzubiegen. Sie spürt nun Gras unter ihren Schuhen. Der Weg folgt zunächst einer Linkskurve, doch in der Mitte der Kurve wird Franziska auf einen Holzweg gedrängt. Es sind nur ein paar Schritte, dann hört Franziska das Knarren einer Tür. Danach wird sie in einen Raum geschubst. Die Tür fällt zu und Franziska ist allein. Ein Schlüssel dreht sich im Schloss. Sie ist eingesperrt.

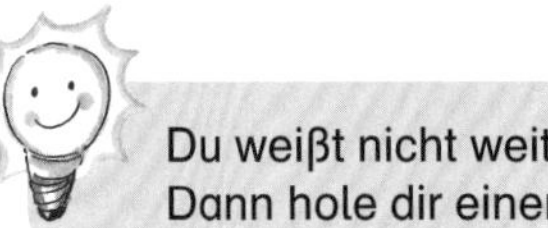

Du weißt nicht weiter?
Dann hole dir einen Tipp!

Der Minnesänger

Es ist nicht schwer für Franziska, sich zu befreien. Das Band um den Sack lässt sich schnell lösen. Dann schaut sich Franziska um. Sie befindet sich in einem Turm. Er hat zwei Türen. Durch die eine ist sie in diesen Raum geraten. Sie ist abgeschlossen. Die andere führt offenbar nach draußen. Doch was hat sie davon? Der Turm scheint hoch zu sein, und wenn sie diese Tür öffnet, fällt sie wahrscheinlich in die Tiefe. Durch den Türspalt kann Franziska den Himmel sehen. Trotzdem probiert sie aus, ob die Tür sich öffnen lässt. Und tatsächlich, sie ist nicht verschlossen. Aber das hilft ihr nicht – sie kann durch diese Tür sowieso nicht fliehen.

Franziska tastet nach ihrem Handy. Es ist nicht mehr da. Aber das ist auch nicht so wichtig. Sie kann sowieso nichts damit machen.

Franziska lauscht nach draußen. Vom Markplatz her dringen die Geräusche bis zu ihr. Eine Stimme dringt besonders intensiv an ihr Ohr. Es ist der Minnesänger, der laut singt.

„Loleslol lolistlol lolleichtlol lolzulol lolfliehlolenlol“, singt er. Seine Stimme klingt tief und melodisch. Gleichzeitig schlägt er die Laute. Franziska gerät in den Bann der Musik. Gleichzeitig muss sie an Olli denken, der eine ähnliche Stimme hat. „Lolderlol lolturmlol lolhatlol loleilolnelol Lolstricklolleilolterlol“, singt der Sänger. Dann wiederholt er diese Wörter. So viel lol, das klingt wie lalala. Franziska summt leise mit. Plötzlich fällt ihr etwas auf.

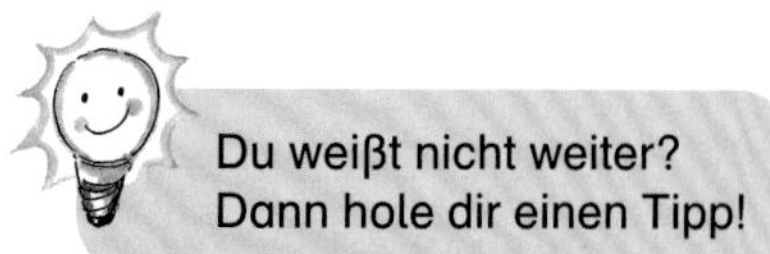

Du weißt nicht weiter?
Dann hole dir einen Tipp!

Viel los auf dem Markt

Der Weg aus dem Turm ist gefährlich. Franziska klettert ängstlich die Strickleiter nach unten. Es dauert eine Weile, dann aber ist sie endlich angekommen. Der Weg zum Marktplatz ist nicht weit. Franziska orientiert sich an dem Kirchturm.

„Franzi“, hört sie plötzlich eine Stimme hinter sich. Franziska fährt herum. Der Sänger steht vor ihr. Er hat seine Laute auf dem Rücken. „Olli?“, fragt Franziska unsicher. Der junge Mann nickt. „Wir haben die Zeitmaschine gefunden“, flüstert er ihr zu. „Sie steht hinter der Kirche.“

„Dann nichts wie weg“, ruft Franziska. „Lass uns das Jahr 2024 einstellen – und dann los!“

Olli verdreht die Augen. „Aber genau das ist das Problem“, flüstert er zurück. „Die Zeitverstellung hat sich verändert. Man braucht nun einen QR-Code, um loszufliegen.“

Franziska lacht laut, obwohl ihr gar nicht zum Lachen zumute ist. „QR-Code? Du spinnst ja. Wir sind im Mittelalter, Olli. Da gibt es keinen QR-Code.“

„Egal, egal! Wir brauchen dein Handy und eine App, mit der wir den Code entschlüsseln können. Hast du dein Handy bei dir?“

„Es ist mir gestohlen worden“, jammert Franziska. Dann denkt sie nach. „Lass uns auf den Markplatz zurückgehen“, fällt ihr dann ein. „Vielleicht finden wir es ja.“

Auf dem Marktplatz ist viel los. Alle Marktschreier bieten ihre Ware an.

Die Zeitmaschine

Du weißt nicht weiter?
Dann hole dir einen Tipp!

Ach, wie gut, dass niemand weiß …

Franziska und Olli schauen sich auf dem Marktplatz um. „Ich bin mir ganz sicher, dass die Wahrsagerin dein Handy hat“, raunt Olli Franzi zu. „Du musst es dir wiederholen. Ich suche dann die anderen zusammen. Wir treffen uns an der Kirche.“

„Aber …“, will Franziska einwenden, doch da tritt die Wahrsagerin schon auf sie zu. Sie hat einen schwarzen Raben auf ihrer Schulter.

„Willst du dir die Zukunft voraussagen lassen?“, fragt sie.

„Ich … äh …“, beginnt Franziska unsicher, doch da schiebt die Wahrsagerin sie schon in ihrem Raum. Dann hält sie ihr eine Kugel unter die Nase.

„Diese Kugel sagt dir die Wahrheit“, raunt sie ihr mit heiserer Stimme ins Ohr. Franziska blickt hinein und sieht ihr Handy in der Mitte der Kugel.

„Mein Handy!“, ruft Franziska entsetzt. „Geben Sie es mir wieder. Es gehört mir!“

Die Alte kichert. „Du musst die Kugel zum Zerspringen bringen.“

„Aber wie …“

„Indem du meinen Namen errätst!“

Rumpelstilzchen fällt Franziska sofort ein, aber das ist natürlich Quatsch. Die Wahrsagerin hat natürlich einen anderen Namen. Aber welchen? Aufgeregt betrachtet Franziska die alte Frau.

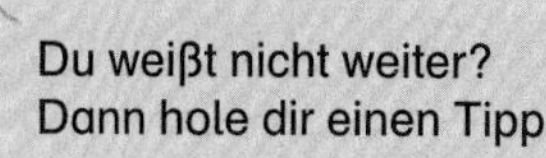

Zurück in die Gegenwart

Und dann hat sie es. „Rita Rabenstein", schreit sie, und die Kugel zerspringt. Die Wahrsagerin flucht, der Rabe kreischt, und Franziska nutzt die Chance, ihr Handy aus den Scherben der Glaskugel zu ziehen und loszurennen. In aller Eile hat sie die Kirche erreicht. Die anderen warten schon auf sie. Alle sind noch in ihrer mittelalterlichen Kleidung. „Los, komm mit! Die Zeitmaschine steht bereit", ruft Marlene. Franziska rennt mit den Freunden mit. Die Zeitmaschine sieht noch genauso aus wie vorher, nur der Knopf, mit dem sie in die Gegenwart fliegen können, hat sich verändert. Er sieht jetzt so aus:

„Himmel, was soll das denn jetzt?", flucht Franziska. „Welcher QR-Code ist denn nun der richtige?"
„Hast du keine App auf deinem Handy?", fragt Olli ängstlich.
Franziska fasst sich an den Kopf. „Wir sind im Mittelalter, Olli! Mein Handy ist so tot wie ein Stein."
„Dann müssen wir den richtigen Code herausfinden", stellt Frieder fest. „Schaut mal, hier ist der Code aufgemalt, den wir einstellen müssen. Könnt ihr herausfinden, welcher von den vier Quadraten es ist?"

Das ist eine schwere Aufgabe, und sie müssen genau hinschauen. Aber sie finden es heraus. In letzter Minute hebt sich die Zeitmaschine und fliegt mit ihren vier Insassen in die Gegenwart zurück.

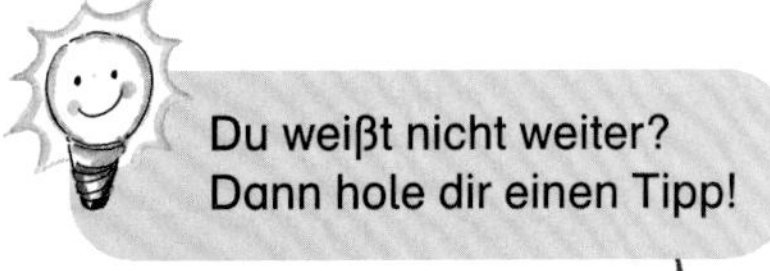

Alles Theater

„Olli? Lies mal!“

Franziska zeigt auf einen Zettel am schwarzen Brett. „Habt ihr Lust, Theater zu spielen?“, steht darauf. „Dienstag in der großen Pause treffen wir uns in der Aula.“ Franziskas Freund Olli schaut sich den Zettel ebenfalls an.

„Ich habe Lust dazu“, ruft er begeistert. Franziska geht es genauso. Sie hat schon in der Grundschule gerne Rollenspiele gemacht.

Am Dienstag warten drei Schüler auf sie. Es sind Jette, Marlene und Frieder.

„Unser Theaterstück heißt: Reise in die Vergangenheit“, berichtet Jette. „Wir müssen uns darum auf eine Zeitreise begeben.“

Frieder zeigt auf ein seltsames Fahrzeug. Es sieht aus wie eine Mischung aus Schiff und Auto.

„Zeitreise?“, wundert sich Olli. „Ich dachte, wir spielen Theater.“

„Das tun wir auch“, erklärt Frieder. „Aber wir müssen zur Rabenburg.“

So ein Quatsch, will Franziska sagen. Aber Frieder drängt sie ins Fahrzeug.

„Siehst du das Rad?“, will er wissen. „Damit kannst du die Zeit einstellen.“

„Welche Zeit?“, wundert sich Franziska.

„Ins Jahr 1258“, erklärt Jette. „Da wurde die Rabenburg erbaut.“

„Kein Problem“, grinst Olli. Er will das Rad einstellen. Aber es gibt gar keine Zahlen. Nur Buchstaben wie X und C und I.

„Was soll ich denn einstellen?“, fragt er verwundert.

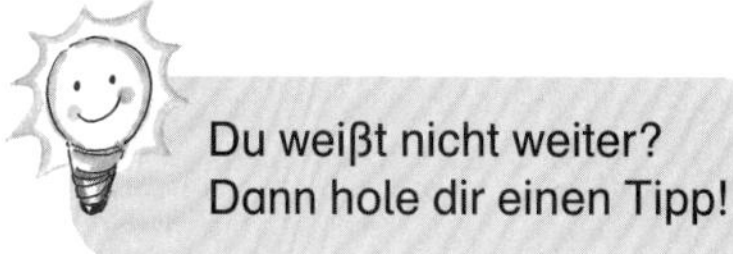

Auf dem Mittelaltermarkt

Franziska landet direkt auf dem Marktplatz einer Stadt. Sie ist auf ihren Po gefallen. Das tut weh. Franziska steht langsam auf. Wo ist sie? Und wie sehen die Menschen aus? Der Mann neben ihr trägt einen Umhang aus braunem Leinen. Er hat ein Seil um seine Hüften gebunden. Auf dem Kopf trägt er einen dreieckigen Hut. Außerdem hat er einen wilden Bart. Böse schaut er Franziska an. Die blickt an sich herunter. Sie trägt ein langes rotes Gewand und einen engen Gürtel. Ihre Schuhe sehen aus wie Stofffetzen aus Leder. Ängstlich blickt sie sich um. Wo sind wohl die anderen? Ist dieses Mädchen mit dem Umhang und der Haube nicht Jette? Franziska erkennt sie an den lockigen Haaren und den Sommersprossen. Und dieser Junge mit der schwarzen Tunika und den Schnabelschuhen könnte Olli sein. Er sieht genauso ratlos aus wie Franziska.

„Weg da!“, schreit ein Mann und schubst Franziska zur Seite. Dann geht er mit seinem Ochsen an ihr vorbei. Der Ochse zieht einen Karren, auf dem Säcke mit Kartoffeln stehen. Franziska stolpert gegen eine junge Frau. Die trägt einen langen Kapuzenumhang. Die Frau fällt hin. Das Kleid rutscht ein Stück nach oben und Franziska erkennt: Die Frau trägt eine geblümte Unterhose. Dabei gab es im Mittelalter doch gar keine Unterwäsche.

„Marlene?“, fragt Franziska leise. Die junge Frau nickt.

„Ich habe dich auch erkannt“, sagt sie. „Du hast dein Handy dabei.“

Verblüfft fasst Franziska in die Tasche ihres Kleides. Tatsächlich. Sie hat ihr Handy dabei. Ob sie Jette, Frieder und Olli auch findet?

			E	C		

								H	

S		O								

Du weißt nicht weiter?
Dann hole dir einen Tipp!

Gefangen

Franziska war tatsächlich mit einer Zeitmaschine im Mittelalter gelandet. Total verrückt! Das muss sie unbedingt filmen. Vorsichtig zieht Franziska ihr Handy aus der Tasche und schaut auf das Display. Alles ist dunkel. Logisch! Es gab ja gar kein Internet. Noch nicht mal Strom. „Was ist das?“, fragt eine alte Frau. Sie sieht aus wie eine Wahrsagerin. „Gar nichts“, gibt Franziska zurück. Sie will ihr Handy in die Tasche schieben. Aber die Frau ist schneller. Sie schlägt ihr das Handy aus der Hand. Dann schreit sie laut: „Das Mädchen hat einen Zauberspiegel!“ „Was denn für ein Zaubersp …“ fragt Franziska verwirrt. Doch plötzlich stülpt ihr jemand einen Sack über den Kopf. Franziska schreit und schlägt um sich. Der Sack stinkt nach faulen Kartoffeln. Aber starke Hände packen sie und ziehen sie fort. Es geht zunächst einen kleinen Weg entlang, dann muss sie drei Stufen hochgehen. Jetzt kommt ein Sandweg. Franziska will stehen bleiben, aber es geht immer weiter. Es geht zunächst nach rechts, dann über eine Holzbrücke. Ein Fluss ist zu hören. Dann geht der Sandweg weiter. Jetzt geht es rechts ab. Gras ist unter ihren Schuhen zu spüren. Der Weg folgt einer Linkskurve. Doch dann wird Franziska auf einen Holzweg geschubst. Es sind nur ein paar Schritte, dann knarrt eine Tür. Franziska wird in einen Raum gestoßen. Ein Schlüssel dreht sich im Schloss. Sie ist eingesperrt.

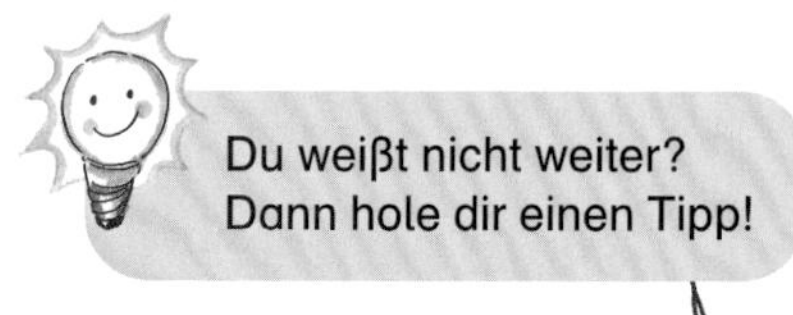

Der Minnesänger

Das Band um den Sack lässt sich schnell lösen. Franziska ist frei und schaut sich um. Sie ist in einem Turm. Er hat zwei Türen. Die eine Tür ist abgeschlossen. Die andere führt offenbar nach draußen. Doch der Turm scheint hoch zu sein. Wenn sie diese Tür öffnet, fällt sie wahrscheinlich metertief in die Tiefe. Durch den Türspalt kann Franziska den Himmel sehen. Aber sie versucht, die Tür zu öffnen. Tatsächlich ist sie nicht verschlossen. Aber was hilft das? Sie kann hier nicht fliehen.

Franziska tastet nach ihrem Handy. Aber es ist nicht mehr da. Egal! Sie kann sowieso nichts damit machen.

Vom Markplatz hört Franziska viele Stimmen. Eine Stimme dringt besonders intensiv an ihr Ohr. Es ist der Sänger. Er singt sehr laut.

„Loleslol lolistlol lolleichtlol lolzulol lolfliehlolenlol", singt er und schlägt die Laute.

Franziska lauscht. Die Stimme klingt wie Ollis.

„Lolderlol lolturmlol lolhatlol loleilolnelol Lolstricklolleilolterlol", singt der Sänger.

So viel lol. Das klingt wie lalala. Franziska summt leise mit. Plötzlich fällt ihr etwas auf.

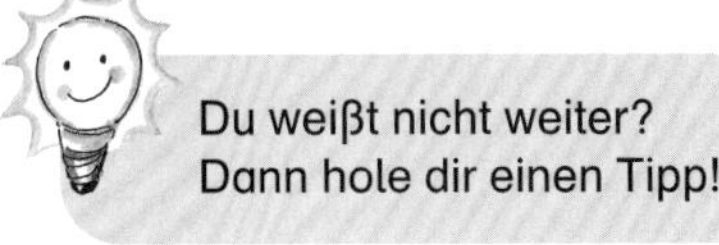

Viel los auf dem Markt

Franziska klettert ängstlich die Strickleiter nach unten. Das ist sehr gefährlich. Aber endlich kommt sie auf dem Boden an. Sie geht nun Richtung Kirchturm. Da befindet sich der Marktplatz.
„Franzi?“ Franziska fährt herum. Der Sänger steht vor ihr.
„Olli?“, fragt Franziska unsicher.
Der junge Mann nickt.
„Wir haben die Zeitmaschine gefunden“, flüstert er ihr zu. „Sie steht hinter der Kirche.“
„Dann ab ins Jahr 2024“, ruft Franziska.
„Aber das ist ja das Problem“, flüstert Olli. „Die Zeitverstellung hat sich verändert. Man braucht einen QR-Code, um loszufliegen.“
Franziska lacht laut.
„QR-Code? Du spinnst ja. Wir sind im Mittelalter, Olli. Da gibt es keinen QR-Code.“
„Egal, egal! Wir müssen den Code entschlüsseln. Hast du eine App auf deinem Handy?“
„Mein Handy ist mir gestohlen worden“, jammert Franziska.
Dann denkt sie nach. „Vielleicht finden wir es auf dem Marktplatz wieder“, fällt ihr ein.
Auf dem Marktplatz ist viel los. Alle Marktschreier bieten ihre Ware an.

Du weißt nicht weiter?
Dann hole dir einen Tipp!

Ach, wie gut, dass niemand weiß …

Franziska und Olli sehen sich auf dem Marktplatz um. „Die Wahrsagerin hat dein Handy", raunt Olli Franzi zu. „Du musst es wiederholen. Ich suche dann die anderen. Wir treffen uns an der Kirche."

„Aber …", will Franziska sagen. Doch da kommt die Wahrsagerin schon zu ihr. Ein schwarzer Rabe sitzt auf ihrer Schulter.

„Willst du die Zukunft wissen?", fragt sie.

„Ich … äh …", beginnt Franziska unsicher. Doch die Wahrsagerin schiebt sie schon in ihr Zimmer. Dann hält sie ihre Glaskugel ins Licht.

„Diese Kugel sagt dir die Wahrheit", flüstert sie. Franziska blickt in die Kugel und sieht ihr Handy mittendrin.

„Das ist mein Handy!", ruft Franziska entsetzt. „Ich will es wiederhaben!"

Die Alte kichert. „Du musst die Kugel zum Zerspringen bringen."

„Aber wie …"

„Indem du meinen Namen errätst!"

Wie soll diese Alte heißen? Rumpelstilzchen? Das ist natürlich Quatsch. Aber welchen Namen hat die alte Frau? Aufgeregt betrachtet Franziska sie.

Du weißt nicht weiter? Dann hole dir einen Tipp!

Zurück in die Gegenwart

„Rita Rabenstein“, schreit sie. Die Kugel zerspringt. Die Wahrsagerin flucht. Der Rabe kreischt. Jetzt nichts wie weg!

Franziska zieht ihr Handy aus den Scherben der Glaskugel und rennt los. Außer Atem kommt sie an der Kirche an. Die anderen warten schon auf sie. Alle haben noch ihre mittelalterliche Kleidung an. „Los, ab in die Zeitmaschine“, ruft Marlene. Die Zeitmaschine sieht aus wie vorher. Nur der Knopf, auf dem sie die Zeit einstellen können, hat sich verändert. Er sieht jetzt so aus:

„Wie sollen wir den richtigen QR-Code finden?“, fragt Franziska.

„Mit deiner Handy-App?“, erwidert Olli.

Franziska fasst sich an den Kopf. „Wir sind im Mittelalter, Olli! Mein Handy ist so tot wie ein Stein.“

„Schaut mal. Hier ist der Code aufgemalt. Den müssen wir einstellen“, meint Frieder. „Aber welcher ist es?“

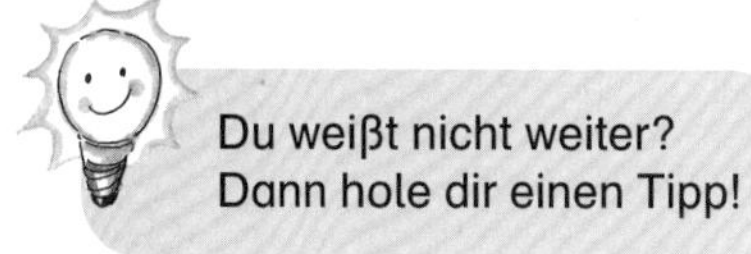

Alles Theater

Alles Theater
Tipp 1: Es handelt sich um römische Zahlen auf dem Rad.

Alles Theater
Tipp 2: Hier findest du den Code:

I	II	III	IV	V	VI	X
1	2	3	4	5	6	10
11	20	30	40	50	60	70
XI	XX	XXX	XL	L	LX	LXX
LXXX	XC	XCVII	XCIX	C	D	M
80	90	98	99	100	500	1000

Alles Theater
Lösung: MCCLVIII

Auf dem Mittelaltermarkt

Auf dem Mittelaltermarkt
Tipp 1: Drei Personen tragen etwas, was es im Mittelalter noch nicht gab. Kreise die Dinge ein und schreibe sie auf.

Auf dem Mittelaltermarkt
Tipp 2: Ein Mensch wird gleich sehr gefährlich werden. Wer ist es? Beachte die Buchstaben in den Lösungswörtern.

Auf dem Mittelaltermarkt
Lösung: BAS**EC**AP
ARMBANDU**H**R
SP**O**RTSCHUHE
Lösungswort: Ochse – Der Mann mit dem Ochsen wird gleich gefährlich.

Gefangen

Gefangen
Tipp 1: Tut euch zu zweit zusammen. Einer liest die Beschreibung, der andere zeichnet den Weg ein.

Gefangen
Tipp 2: Es gibt einen Hinweis im Text auf denjenigen, der Franziska entführt.

Gefangen
Lösung: Der Turm an der rechten Seite.

Der Minnesänger

Der Minnesänger
Tipp 1: Alle Silben werden mit lol eingerahmt.

Der Minnesänger
Tipp 2: Streiche immer das lol weg und du erkennst, was der Sänger Franziska sagen will.

Der Minnesänger
Lösung: Es ist leicht zu fliehen. Der Turm hat eine Strickleiter.

Viel los auf dem Markt

Viel los auf dem Markt
Tipp 1: Die Schilder sind in Spiegelschrift geschrieben.

Viel los auf dem Markt
Tipp 2: In der Geschichte „Gefangen“ erfährst du, wer das Handy gestohlen hat.
Auf den Schildern ist zu lesen:
Bleib gesund. Iss frisches Obst.
Täglich frisches Ochsenfleisch!
Willst du die Zukunft wissen? Schau in den Zauberspiegel.
Ich ziehe deine Zähne.

Viel los auf dem Markt
Lösung: Es ist die Wahrsagerin.

Ach, wie gut, dass niemand weiß …

Ach, wie gut, dass niemand weiß …
Tipp 1: An der Wahrsagerin findest du verschiedene Hinweise auf ihren Namen.

Ach, wie gut, dass niemand weiß …
Tipp 2: Auch im Schmuck und den Dingen, die sie bei sich trägt, sind Hinweise versteckt.

Ach, wie gut, dass niemand weiß …
Lösung: Die Wahrsagerin heißt Rita Rabenstein.

Zurück in die Gegenwart

Zurück in die Gegenwart
Tipp 1: Achte besonders auf die Fläche in der Mitte.

Zurück in die Gegenwart
Tipp 2: Wenn du ein Handy hast, kannst du auch herausfinden, was die QR-Codes bedeuten.

Zurück in die Gegenwart
Lösung: Das Quadrat links unten ist richtig.
Die Botschaften der Quadrate lauten:
Für immer Mittelalter!
Nie wieder Zeitmaschine!
Zurück in die Gegenwart!
Iss viel Obst und Gemüse!

Alles Theater

Episodenaufgabe:
Welche Namen kommen nicht in der Geschichte vor?

Olli – Zoey – Marlene – Frieder – Ella – Ida – Jette

____

Lösung des Rätsels:

____

Auf dem Mittelaltermarkt

Episodenaufgabe:
Wer befindet sich noch auf dem Mittelaltermarkt?

frau – ge – ge – mü – rin – sa – se – seil – tän – wahr – zer

Lösung des Rätsels:

____

Gefangen

Episodenaufgabe:
Kreuze das Wort an, das in dieser Geschichte nicht vorkommt.

☐ Handy ☐ Strom ☐ Display ☐ Turm ☐ Sand

Lösung des Rätsels:

____

Der Minnesänger

Episodenaufgabe:
Welches Wort verbirgt sich in dieser Wortschlange? Achtung: Lies es rückwärts:

F R U W Z T A L P T K R A M L O D I

Lösung des Rätsels:

____

Viel los auf dem Markt

Episodenaufgabe:
In welcher Reihenfolge erscheinen die Wörter in der Geschichte?

_____ Zeitmaschine _____ Code _____ Strickleiter _____ Kirchturm

Lösung des Rätsels:

____

Ach, wie gut, dass niemand weiß …

Episodenaufgabe:
Wie heißt der Satz? Es fehlen die Vokale.

D msst d Kgl zm Zrsprngn brngn

Lösung des Rätsels:

____

Zurück in die Gegenwart

Episodenaufgabe:
Wie heißt das Schlüsselwort der Geschichte?

__ E __ __ __ W __ __ __

Lösung des Rätsels:

____

Herzlichen Glückwunsch!

Du hast die kriminelle Escape-Room-Geschichte „Die Zeitmaschine“ erfolgreich gelöst.

____

Unterschrift

Alles Theater

Zoey, Ella, Ida

Auf dem Mittelaltermarkt

Gemüsefrau, Seiltänzer, Wahrsagerin

Gefangen

Turm

Der Minnesänger

Marktplatz

Viel los auf dem Markt

3 Zeitmaschine 4 Code 1 Strickleiter 2 Kirchturm

Ach, wie gut, dass niemand weiß …

Du musst die Kugel zum Zerspringen bringen.

Zurück in die Gegenwart

Gegenwart

In letzter Minute

Da stimmt was nicht

Janne arbeitet einmal in der Woche abends im „Zeitgeist“, einer kleinen Kneipe mitten in der Stadt. Der Job ist anstrengend. Oft ist am Samstagabend viel los. Auch an diesem Abend sitzen viele Jugendliche zusammen, trinken, lachen und reden. Viele Gäste kennt Janne vom Sehen, die drei Jugendlichen, ein Mädchen und zwei Jungen, hat sie aber noch nie gesehen.

„Was kann ich euch bringen?“, fragt Janne.

Die beiden Jungs bestellen ein Bier, das Mädchen eine Cola. Janne geht zur Theke, um die Getränke fertig zu machen. Als sie zurückkommt, sieht sie, dass das Mädchen etwas auf einem Bierdeckel notiert. Die anderen beugen sich ebenfalls darüber und reden leise miteinander. Alles macht einen geheimnisvollen Eindruck. Janne macht die Getränke fertig, beobachtet die Jugendlichen aber weiterhin. Sie sind ihr nicht sympathisch, sie kann aber selbst nicht genau sagen warum. Es ist diese Art und Weise, wie sie sich immer wieder umschauen, als hätten sie etwas zu verbergen.

Es ist spät geworden, als Janne endlich Feierabend hat. Die letzten Gäste verlassen gegen 1.00 Uhr das Lokal. Danach muss sie noch saubermachen. Sie muss die Gläser spülen, die Tische abwischen, zuletzt noch den Boden fegen. Als sie an dem Tisch ankommt, an dem die drei Jugendlichen gesessen haben, findet sie ein paar angebrannte Papierschnipsel im Aschenbecher. Andere liegen auf dem Boden. Ein paar Buchstaben und Wörter stehen da drauf, aber es ist zu dunkel und Janne ist auch zu müde, um etwas zu entziffern. Immerhin beschließt sie, die Schnipsel mitzunehmen.

Es ist zwei Uhr nachts, als sie endlich nach Hause kommt. Sie ist hundemüde und schläft bis zum nächsten Vormittag.

Erst beim Frühstück fallen ihr die Schnipsel wieder ein. Aber wo hat sie sie nochmal hingetan? Zuerst sucht sie in ihrer Handtasche, aber da sind sie nicht. Dann fällt ihr ein, dass sie sie in ihre Jeansjacke gesteckt hat.

Sie kramt sie aus der Tasche ihrer Jeansjacke und breitet sie auf dem Tisch aus. Dann versucht sie, sie zusammenzulegen. Das ist allerdings sehr schwer, denn einige sind angebrannt und haben kleine Löcher. Sie braucht lange, bis sie es endlich geschafft hat.

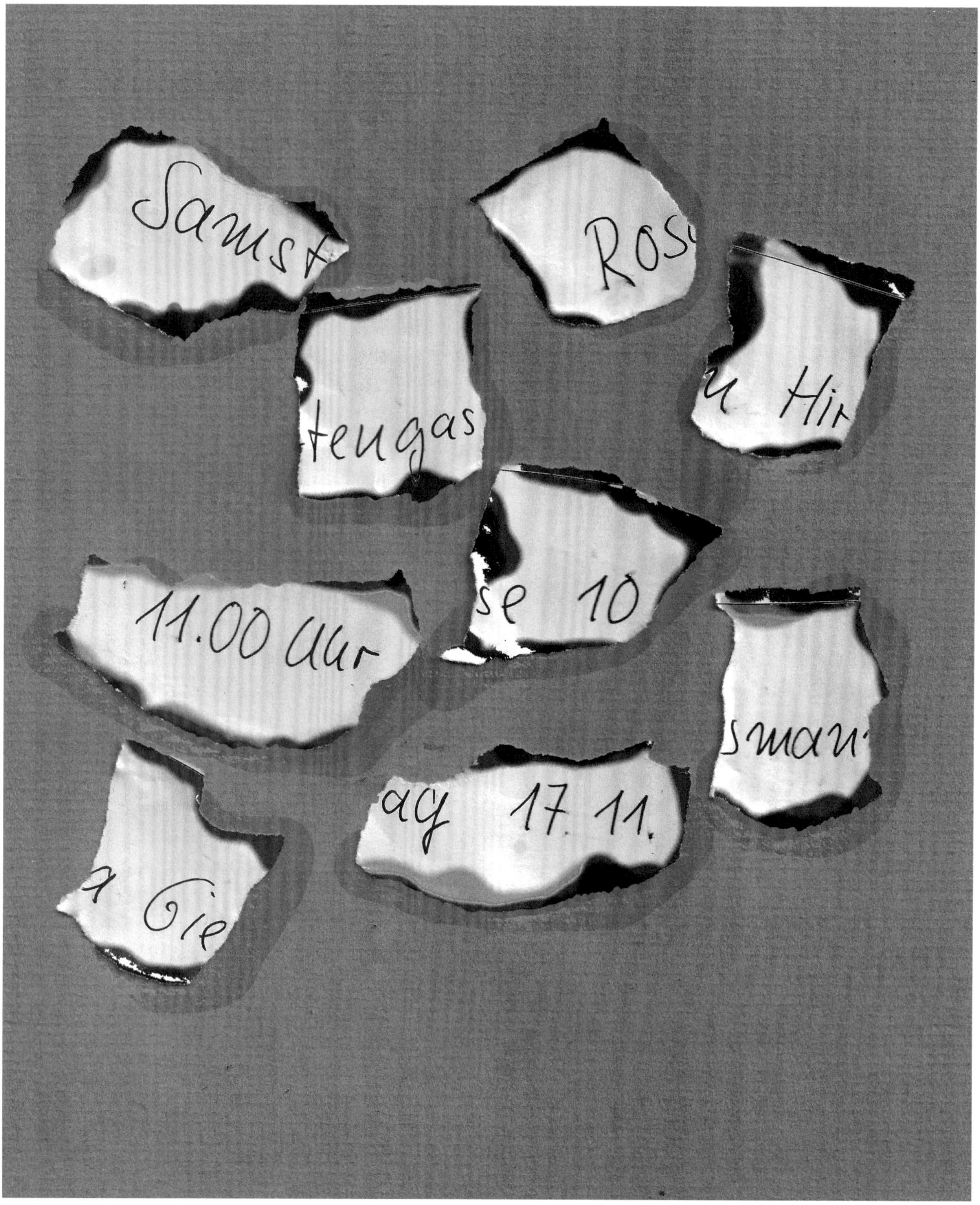

Samst
Ros
u Hir
tengas
se 10
11.00 Uhr
sman
ag 17. 11.
a Gie

Du weißt nicht weiter?
Dann hole dir einen Tipp!

Wer ist Rosa Giesmann?

Der Name Rosa Giesmann geht Janne nicht mehr aus dem Kopf. Ein Junge in ihrer Jahrgangsstufe heißt Kjell Giesmann. Ob der mit dieser Rosa verwandt ist?

Janne trifft Kjell in der großen Pause. Er sitzt gerade mit ein paar Freunden zusammen und beißt in einen Sandwich. Janne setzt sich zu ihm.

„Hi, du bist doch Kjell Giesmann, oder?“, fragt sie ihn. Kjell nickt erstaunt.

„Ich weiß, es hört sich alles komisch an, aber kennst du zufällig eine Rosa Giesmann?“

Jetzt werden Kjells Augen groß. „Rosa? Das ist meine Oma“, wundert er sich. „Was ist mit ihr?“

„Ich habe da so eine komische Situation gesehen“, berichtet Janne. Und dann erzählt sie, was sie in der Kneipe beobachtet hat. Sie hat sogar die Schnipsel mitgenommen, die sie Kjell zeigen kann. Kjell ist sehr verwundert.

„Das hört sich alles sehr unheimlich an“, gibt er zu. „Was sollen die drei Jugendlichen mit meiner Oma zu tun haben?“

„Ich weiß es auch nicht“, erwidert Janne. „Ich kann nur sagen, dass mir die drei nicht geheuer waren.“

„Hast du heute Nachmittag Zeit?“, will Kjell wissen. „Dann können wir bei meiner Oma vorbeigehen und sie fragen.“

Janne ist einverstanden. Die beiden treffen sich in der Stadt und schlagen dann gemeinsam den Weg in die Hirtengasse ein. Eigentlich hat sich Janne eingebildet, dass die Hirtengasse eine kleine Straße in der Innenstadt ist, aber die Straße geht weiter und weiter, führt schließlich am Stadttor vorbei und endet vor einem Park.

„Hier wohnt meine Oma“, erklärt Kjell.

„Hier?“ Janne kriegt vor Staunen den Mund kaum zu. „Das ist ja fast ein Schloss!“

„Naja, Omilein ist eine ziemlich reiche alte Dame“, erklärt Kjell lachend. Dann starrt er nachdenklich auf die Schließanlage an der Tür. „Mist. Wie war der Code noch mal“, überlegt er. „Sie hatte doch einen Satz dazu: Nimm mein Alter, zähle zwanzig dazu, subtrahiere fünf, zieh mein Alter wieder ab und multipliziere alles mit drei. Jetzt musst du alles noch mit 222 addieren, dann hast du den Code.“

„Fragt sich nur, wie alt sie ist“, will Janne wissen.

„Das weiß ich leider auch nicht“, sagt Kjell. „Eigentlich ist sie ziemlich alt.“

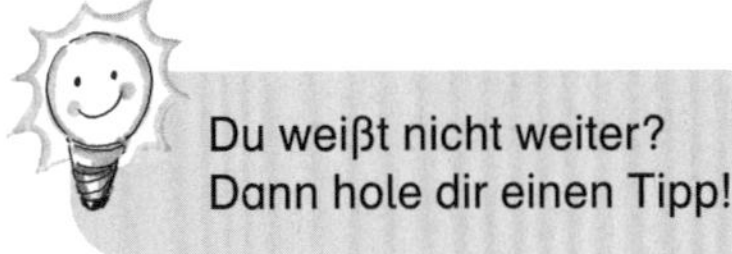

Unheimliche Beobachtungen

Endlich gelingt es Janne und Kjell, den großen parkähnlichen Garten zu betreten. Dann klingeln sie an der Haustür. Die Großmutter öffnet. Lachend schließt sie ihren Enkel in die Arme. Dann reicht sie auch Janne die Hand.

„Und du scheinst Kjells Freundin zu sein, oder?"

„Sie ist meine Schulfreundin", erklärt Kjell hastig. „Sie hat mir gestern eine Geschichte erzählt, die sehr merkwürdig ist."

„Kommt erst mal herein", unterbricht die Großmutter die beiden.

Es gibt Tee und Kekse, und die Zeit schreitet schnell voran. Immer wieder blickt Janne auf die Uhr.

„Kjell", mahnt sie dann. „Es ist Viertel vor elf. Erinnere dich an den Zettel. Gegen elf Uhr soll etwas passieren."

„Aber was soll denn passieren?", wundert sich die alte Frau. „Ich bin hier in meinem Haus gut abgesichert. Ich habe sogar vier Überwachungskameras, die in alle Richtungen zeigen."

„Können wir die mal sehen?", drängt Janne.

„Natürlich", gibt Frau Giesmann zurück. „Kommt mit an meinen Computer. Vom Monitor aus kann ich in alle Richtungen schauen."

Janne und Kjell gehen mit der alten Frau die Treppe hinauf. In einem Zimmer steht ein Schreibtisch, darauf ein Computer mit einem großen Monitor, der vier Quadrate anzeigt. Von der einen Kamera aus blickt man in den Park, die andere ist auf einen Wald ausgerichtet, die dritte blickt auf eine Straße und auf der letzten ist ein Maisfeld zu sehen.

„Ich sehe nichts", stellt die alte Frau fest.

„Und wer ist das?", will Janne wissen und deutet auf einen Mann, der in seinem Garten jätet.

„Das ist unser Nachbar Hermann", erklärt Frau Giesmann. „Der ist sehr nett."

Janne und Kjell schauen noch einmal genau hin. Der Monitor hat eine schlechte Auflösung. Die Bilder sind ein wenig verpixelt.

In letzter Minute

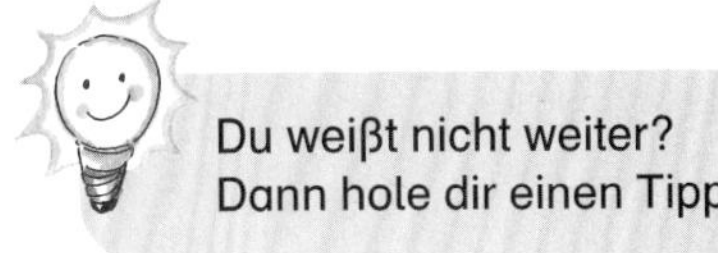

Mysteriöser Anruf

Allmählich geht es auf elf Uhr zu. Janne, Kjell und seine Großmutter stehen am Computer und starren gespannt auf den Monitor, aber nichts passiert. Jetzt sehen sie, wie sich die eine Person – es ist das Mädchen, vom Tor wegbewegt. Sie geht nun ein Stück die Straße entlang. Da kommen auch die anderen beiden Jugendlichen aus ihren Verstecken. Gemeinsam gehen sie nun zum Park hinüber und verstecken sich dort hinter einem Busch.

„Was haben die vor?“, will Janne wissen.

„Keine Ahnung“, seufzt Kjell. „Auf alle Fälle haben sie etwas vor. Das kann man schon sehen.“

In dem Moment klingelt das Telefon. Alle schreien erschrocken auf. Jetzt sehen sie auch durch die Kamera, dass das Mädchen ihr Handy am Ohr hat.

Frau Giesmann geht zu ihrem Festnetztelefon und hebt den Hörer ab.

„Giesmann?“

„Stell auf laut“, flüsterte Kjell seiner Großmutter zu, aber sie weiß offensichtlich nicht, wie das geht. Sie presst den Hörer jedenfalls weiterhin fest an ihr Ohr.

„Was?“, ruft sie dann. „Einen Unfall?“

Janne und Kjell starren sie verwirrt an. Das glaubt sie doch wohl selbst nicht, oder?

„Wer? Mein Enkel?“, fragt sie dann, und nun zwinkert sie Kjell kurz zu. „Mein Enkel Kjell?“, fragt sie nach. Und dann sagt sie aufgeregt: „Oh nein, oh nein, das gibt es doch nicht. Ich habe ihm immer gesagt, dass er einen Helm aufsetzen soll.“

Kjell grinst nun Janne zu. „Sie fährt doch auch ohne Helm“, flüstert er.

„Leider nur 10 000 €“, sagt sie dann. „Reicht das?“

Sie schweigt und lauscht. Dabei klemmt sie den Hörer zwischen Kopf und Schultern. Dann macht sie ein paar wilde Handzeichen Richtung Janne und Kjell.

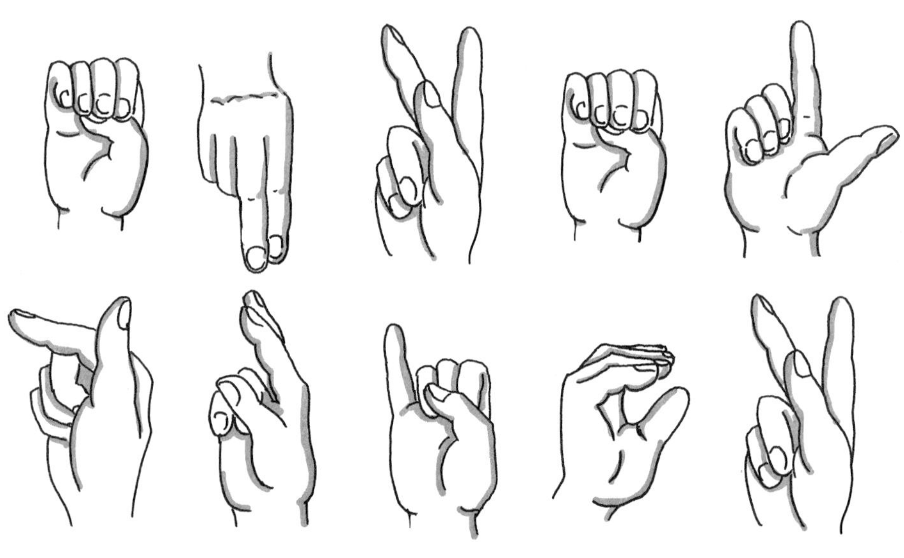

Du weißt nicht weiter?
Dann hole dir einen Tipp!

Leichte Beute

„Wisst ihr was?“, ruft Frau Giesmann. „Auf den Moment warte ich schon seit Monaten. Zwei Freundinnen von mir sind nämlich schon auf den Trick reingefallen. Jetzt wird es Zeit, dass wir die Täter kriegen.“ Sie rennt schnell zu ihrem Schlafzimmer. Hastig zieht sie einen kleinen Metallkoffer aus dem Schrank und öffnet ihn. Er ist mit Papierschnipseln gefüllt. „Wozu soll der gut sein?“, wundert sich Janne. Frau Giesmann strahlt. „In dem Koffer ist ein kleiner Sender“, erklärt sie. „Ich kann jetzt auf dem Monitor genau sehen, wohin die Jugendlichen laufen. Und wenn sie in ihrem Versteck angekommen sind und den Koffer öffnen wollen, ist mein Polizistenfreund Günther auch schon da. Was sagt ihr? Genial oder genial?“ „Genial!“, müssen Janne und Kjell zugeben. Frau Giesmann lacht. Sie schließt den kleinen Koffer gut ab. Dann wechselt sie das Programm. Eine Landkarte ist nun zu sehen. Dann zieht sie das Telefon zu sich und wählt erneut. „Günther?“, ruft sie in den Hörer. „Ich habe die Enkeltricktäter am Haken. Bist du bereit für die Verfolgungsjagd?“ Aus dem Hörer hören Janne und Kjell einen begeisterten Aufschrei. Da scheint noch jemand Spaß an der Verfolgung zu haben. „Ich gebe jetzt den Hörer an meinen Enkel Kjell weiter“, erklärt Frau Giesmann. „Der sagt dir genau, wohin du gehen musst.“ Sie dreht sich zu den Kindern um. „Und ich bringe meinen Koffer mal nach draußen.“

In letzter Minute

Kurze Zeit später ist Frau Giesmann zurück. Gespannt blicken alle auf den Monitor. Der Sender bewegt sich. „Hallo Kjell“, gibt dieser unbekannte Günther zurück. „Es kann losgehen. Ich stehe zwischen den drei Häusern an dem Wanderweg. Wo sind die Ganoven?“ Kjell blickt auf den Monitor. „Die sind an einem See“, erklärt er.

„Okay, dann gehe ich mal den Wanderweg nach links. Da kommt jetzt eine Kreuzung. Nach rechts gibt es ein Schild Richtung See.“ „Nein, das ist der falsche See“, ruft Kjell. „Die Jugendlichen sind an einem See, der nicht an einem Weg liegt. Und jetzt gehen sie weiter Richtung Norden. Jetzt kommt ein Laubwald. Darin ist eine Kiste.“ „Ah, ich kann die Kiste sehen“, ruft Günther. „Sie ist zwischen den Steinen versteckt.“ „Steine? Nein, da ist nur Wald drum herum“, regt sich Kjell auf. „Verflixt, wo bist du denn?“ „Ich kann auf die Berge schauen“, erklärt Günther. „Ja, in den Bergen sind sie jetzt auch“, ruft Kjell. „Da gibt es ein Haus mit zwei spitzen Dächern.“ „Ich glaube ich habe es“, stellt Günther fest. „Wie viele Berge sind zu sehen?“

Du weißt nicht weiter?
Dann hole dir einen Tipp!

Da stimmt was nicht

Janne arbeitet einmal in der Woche in der kleinen Kneipe „Zeitgeist". Samstagabend ist viel los. Janne kennt viele Gäste vom Sehen. Die drei Jugendlichen dort hinten, ein Mädchen und zwei Jungen, kennt Janne noch nicht. Sie scheinen etwas zu planen. Janne bringt ihnen die bestellten Getränke. Da sieht sie, dass das Mädchen etwas auf einem Bierdeckel notiert. Die anderen reden leise miteinander. Alles macht einen geheimnisvollen Eindruck.

Janne beobachtet die Jugendlichen aber weiterhin. Sie sind ihr nicht sympathisch. Sie schauen sich immer wieder um, als hätten sie etwas zu verbergen.

Endlich hat Janne Feierabend. Die letzten Gäste verlassen das Lokal. Danach muss Janne noch saubermachen. Als sie an dem Tisch ankommt, an dem die drei Jugendlichen gesessen haben, findet sie ein paar angebrannte Papierschnipsel im Aschenbecher. Andere liegen auf dem Boden. Ein paar Buchstaben und Wörter kann man noch lesen. Janne ist müde. Sie will nach Hause. Aber sie beschließt, die Schnipsel mitzunehmen.

Es ist zwei Uhr nachts, als sie endlich nach Hause kommt. Sie schläft bis zum nächsten Vormittag.

Beim Frühstück fallen ihr die Schnipsel wieder ein. Aber wo sind sie? Zuerst sucht sie in ihrer Handtasche, aber da sind sie nicht. Sie findet sie in ihrer Jeansjacke und breitet sie auf dem Tisch aus. Dann legt sie sie zusammen. Das ist schwer, denn einige sind angebrannt und haben kleine Löcher. Endlich hat sie es geschafft.

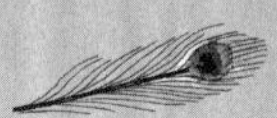

Samst

Ros

tengas

u Hir

se 10

11.00 Uhr

sman

a Gie

ag 17. 11.

Du weißt nicht weiter?
Dann hole dir einen Tipp!

Wer ist Rosa Giesmann?

Wer ist Rosa Giesmann? Ein Junge aus ihrer Schule heißt Kjell Giesmann. Ob er die Frau kennt?

Janne trifft Kjell in der großen Pause. Sie setzt sich zu ihm.

„Hi, du bist doch Kjell Giesmann, oder?", fragt sie ihn. Kjell nickt erstaunt.

„Kennst du zufällig eine Rosa Giesmann?"

Jetzt werden Kjells Augen groß. „Rosa? Das ist meine Oma", wundert er sich. „Was ist mit ihr?"

„Da gab es so eine komische Begegnung", berichtet Janne. Und dann erzählt sie davon. Sie zeigt Kjell auch die Schnipsel.

„Das klingt sehr unheimlich", gibt Kjell zu. „Woher kennen die drei Jugendlichen meine Oma?"

„Ich weiß es auch nicht", erwidert Janne.

„Hast du heute Nachmittag Zeit?", will Kjell wissen. „Wir könnten meine Oma besuchen." Janne ist einverstanden. Zusammen gehen sie in die Hirtengasse. Es ist eine Straße, die zu einem Park führt.

„Hier wohnt meine Oma", meint Kjell.

„Hier?" Janne staunt. „Das ist ja fast ein Schloss."

„Naja, Omilein ist sehr reich", erklärt Kjell lachend. Dann schaut er auf die Schließanlage am Tor. „Mist. Wie war der Code noch mal", überlegt er. „Was sagte sie immer? Nimm mein Alter, zähle zwanzig dazu, subtrahiere fünf, zieh mein Alter wieder ab und multipliziere alles mit drei. Jetzt musst du alles noch mit 222 addieren, dann hast du den Code."

„Und wie alt ist sie?", will Janne wissen.

„Das weiß ich leider auch nicht", sagt Kjell. „Eigentlich ist sie ziemlich alt."

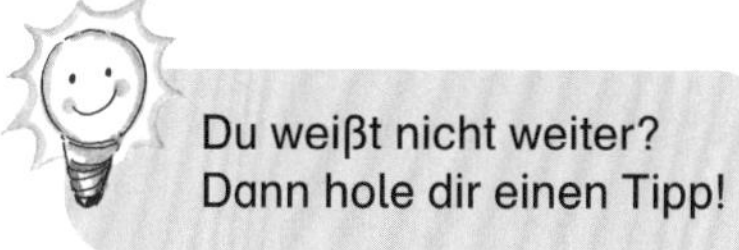

Unheimliche Beobachtungen

Endlich gelingt es Janne und Kjell, den Garten zu betreten. Sie klingeln und die Großmutter öffnet. Lachend schließt sie ihren Enkel in die Arme. Dann reicht sie auch Janne die Hand. „Und du bist Kjells Freundin, oder?“

„Meine Schulfreundin“, erklärt Kjell hastig. „Sie hat gestern etwas Komisches beobachtet ...“

„Kommt erst mal herein.“ Es gibt viel zu erzählen. Immer wieder blickt Janne auf die Uhr.

„Kjell“, mahnt sie dann. „Gleich ist es elf. Denk dran. Da soll was passieren.“

„Aber was soll denn passieren?“, wundert sich die alte Frau. „Ich habe vier Überwachungskameras.“

„Können wir die mal sehen?“, drängt Janne.

„Natürlich“, gibt Frau Giesmann zurück.

In einem Zimmer steht der Computer mit einem großen Monitor. Man kann durch die Kameras in vier Richtungen schauen, in den Park, auf einen Wald, auf eine Straße und auf ein Maisfeld.

„Ich sehe nichts“, stellt die alte Frau fest.

„Und wer ist das?“ Janne zeigt auf einen Mann im Nachbargarten.

„Das ist unser Nachbar Hermann“, erklärt Frau Giesmann. „Der ist sehr nett.“

Janne und Kjell schauen genau hin. Die Bilder sind leider ein wenig verpixelt.

Du weißt nicht weiter?
Dann hole dir einen Tipp!

Mysteriöser Anruf

Es wird elf, aber nichts passiert. Oder doch? Ein Mädchen geht nun die Straße entlang. Da kommen auch die anderen aus ihren Verstecken. Sie gehen zum Park und verstecken sich dort hinter einem Busch.

„Was machen die?“, will Janne wissen.

„Keine Ahnung“, seufzt Kjell. „Es passiert bestimmt gleich etwas.“

In dem Moment klingelt das Telefon. Durch die Kamera kann man das Mädchen sehen. Sie hat ein Handy an ihrem Ohr.

Frau Giesmann eilt zum Telefon.

„Giesmann?“ Stille. „Was?“, ruft sie dann. „Einen Unfall?“

Janne und Kjell starren sie verwirrt an. Das stimmt doch nicht, oder?

„Wer? Mein Enkel?“, fragt sie dann. Sie zwinkert Kjell kurz zu. „Mein Enkel Kjell?“ Und dann ruft sie: „Oh nein, oh nein, das gibt es doch nicht. Ich habe ihn immer gewarnt, aber er fährt trotzdem immer ohne Helm.“

Kjell grinst nun Janne zu. „Sie fährt doch auch ohne Helm“, flüstert er.

„Leider nur 10 000 €“, sagt sie dann. „Reicht das?“

Sie klemmt sich den Hörer zwischen Kopf und Schultern. Dann macht sie ein paar wilde Handzeichen Richtung Janne und Kjell.

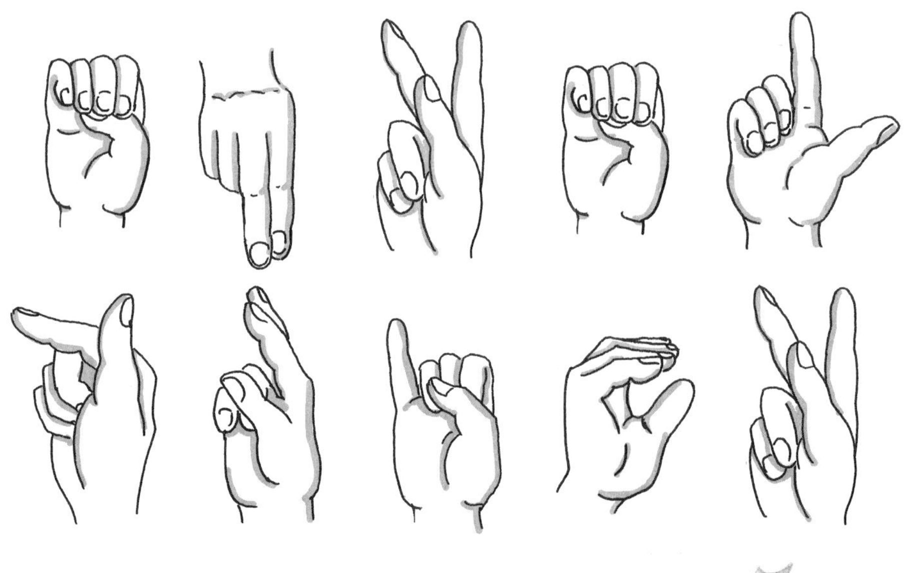

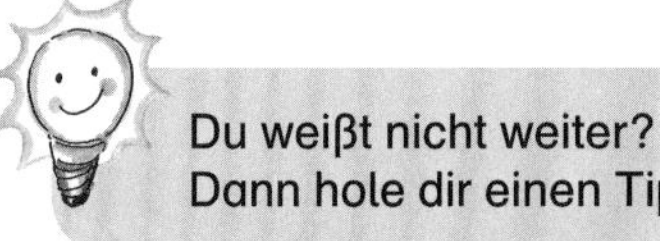

Leichte Beute

„Endlich“, ruft Frau Giesmann. „Zwei Freundinnen haben die schon ausgeraubt. Jetzt wird es Zeit, dass wir die Täter kriegen.“ Sie rennt schnell zum Schlafzimmer, holt einen kleinen Metallkoffer und öffnet ihn. Er ist voller Papierschnipsel. „In dem Koffer ist ein kleiner Sender“, erklärt sie. „Wir können die Täter auf dem Monitor sehen. Und mein Polizistenfreund Günther verfolgt sie dann.“ Frau Giesmann schließt den kleinen Koffer gut ab. Dann ruft sie ihren Freund Günther an. „Ich habe die Enkeltricktäter am Haken. Bereit für die Verfolgungsjagd?“ Janne und Kjell hören einen begeisterten Aufschrei. Der Typ scheint Spaß an der Verfolgung zu haben. „Mein Enkel Kjell sagt dir jetzt, wohin du gehen musst.“ Sie dreht sich zu den Kindern um. „Und ich bringe meinen Koffer mal nach draußen.“

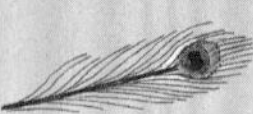

Kurze Zeit später ist Frau Giesmann zurück. Gespannt blicken alle auf den Monitor. Der Sender bewegt sich. „Hallo Kjell“, ist Günther nun zu hören. „Es kann losgehen. Ich stehe zwischen den drei Häusern an dem Wanderweg. Wo sind die Ganoven?“ Kjell blickt auf den Monitor. „Die sind an einem See“, erklärt er. „Okay, dann gehe ich mal den Weg nach links. Da kommt jetzt eine Kreuzung. Nach rechts geht es zum See.“ „Nein, das ist der falsche See“, ruft Kjell. „An dem See gibt es keinen Weg. Und jetzt gehen sie weiter Richtung Norden. Nun kommt ein Laubwald mit einer Kiste.“ „Ah, ich kann die Kiste sehen“, ruft Günther. „Sie ist zwischen den Steinen versteckt.“ „Steine? Nein, da ist nur Wald drum herum“, regt sich Kjell auf. „Verflixt, wo bist du denn?“ „Ich kann die Berge sehen“, erklärt Günther.

„Ja, in den Bergen sind sie jetzt auch“, ruft Kjell. „Da gibt es ein Haus mit zwei spitzen Dächern.“ „Ich glaube ich habe es“, stellt Günther fest. „Wie viele Berge sind zu sehen?“

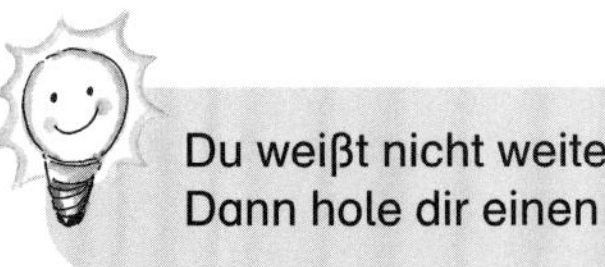

Da stimmt was nicht

Da stimmt was nicht
Tipp 1: Die Wörter sind nicht nur in Silben getrennt.

Da stimmt was nicht
Tipp 2: Die Schnipsel enthalten eine Adresse und einen Termin

Da stimmt was nicht
Lösung: Rosa Giesmann, Hirtengasse 10, Samstag 17.11. 11 Uhr

Wer ist Rosa Giesmann?

Wer ist Rosa Giesmann?
Tipp 1: Etwas wird addiert und dann die Zahl wieder subtrahiert. Das hebt sich auf.

Wer ist Rosa Giesmann?
Tipp 2: Rechne einfach die Rechnung ohne das Alter der alten Frau.

Wer ist Rosa Giesmann?
Lösung: Der Code lautet 267

Unheimliche Beobachtung

Unheimliche Beobachtung
Tipp 1: Zwei Personen haben sich nicht gut genug versteckt.

Unheimliche Beobachtung
Tipp 2: Es gibt zwei weitere Hinweise auf die Jugendlichen

Unheimliche Beobachtung
Lösung: Haarschopf hinter dem Tor – Schuhspitze hinter einem Baum – drei Räder an einem Zaun – platt getretenes Maisfeld

Mysteriöser Anruf

Mysteriöser Anruf
Tipp 1: Kjells Großmutter zeigt Janne und Kjell, welchen Trick die Jugendlichen bei ihr versuchen.

Mysteriöser Anruf
Tipp 2: Hier ist der Code für das Wort.

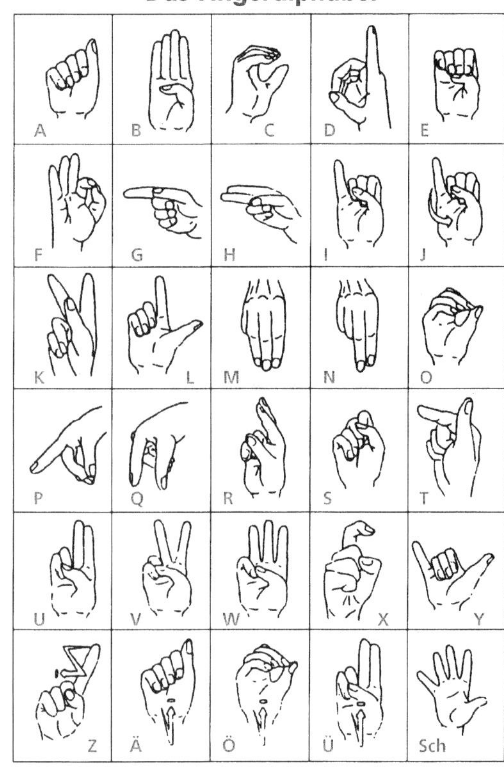

Quelle: Landesverband Bayern der Gehörlosen e. V. - Infokarte des Landesverband Bayern der Gehörlosen e. V., CC BY-SA 4.0, https://commons.wikimedia.org/w/index.php?curid=53190516

Mysteriöser Anruf
Lösung: Enkeltrick

Leichte Beute

Leichte Beute
Tipp 1: Verfolge den Weg der Jugendlichen mit blauem Stift.

Leichte Beute
Tipp 2: Markiere den Weg, den Günther geht, in Rot.

Leichte Beute
Lösung: drei Berge.

Da stimmt was nicht

Episodenaufgabe:
Kreuze an, welches Wort in dieser Geschichte nicht vorkommt.

☐ Feuerzeug ☐ Aschenbecher ☐ Löcher

Lösung des Rätsels:

____

Wer ist Rosa Giesmann?

Episodenaufgabe:
Was weißt du über das Zahlenrätsel? Kreuze an.

☐ Die Zahl 222 kommt darin vor.
☐ Nach dem Alter der Frau wird gefragt.
☐ Man muss alle Grundrechenarten einsetzen.
☐ Alles musste mit 10 multipliziert werden.

Lösung des Rätsels:

____

Unheimliche Beobachtungen

Episodenaufgabe:
Füge die vier Wörter aus der Geschichte zusammen.

bardinfeldfreungroßmaismutnachterschul

Lösung des Rätsels:

____

Mysteriöser Anruf

Episodenaufgabe:
In welcher Reihenfolge kommen die Wörter in der Geschichte vor?
Markiere von 1–5.

Telefon
Unfall
Helm
Busch
Enkel

Lösung des Rätsels:

___

Leichte Beute

Episodenaufgabe:
Welche Dinge werden für die Verfolgungsjagd gebraucht? Kreise ein.

reffoK – rotinoM – dleG – redneS – lespinhcsreipaP – darrhaF

Lösung des Rätsels:

___

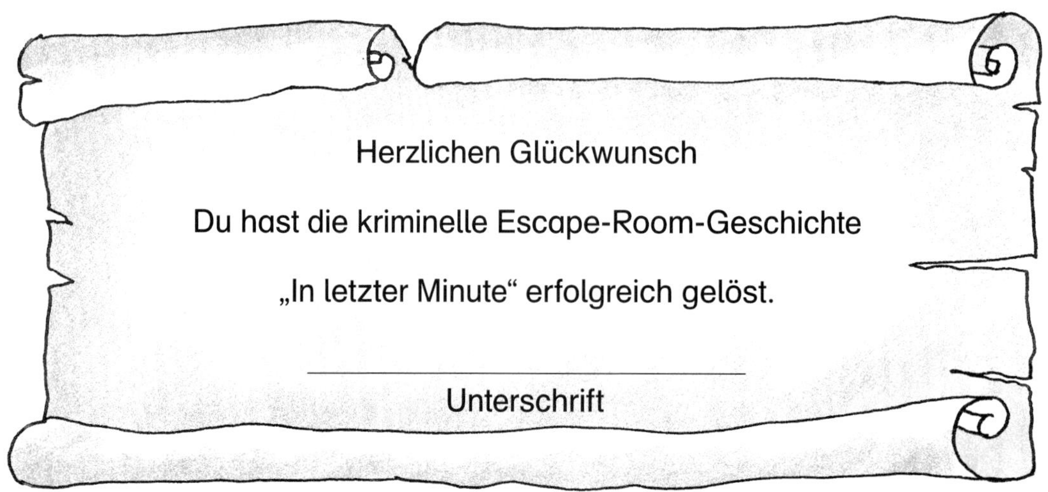

Da stimmt was nicht

Feuerzeug

Wer ist Rosa Giesmann?

☒ Die Zahl 222 kommt darin vor.
☒ Nach dem Alter der Frau wird gefragt.

Unheimliche Beobachtungen

Nachbar, Maisfeld, Schulfreundin, Großmutter

Mysteriöser Anruf

1 Busch
2 Telefon
3 Unfall
4 Enkel
5 Helm

Leichte Beute

Papierschnipsel, Sender, Monitor, Koffer

Ein geheimnisvoller Mord

Die Villa Grünberg

Es kostete Linus und Betty ein bisschen Überwindung, an der Glocke der alten Villa zu ziehen. Ein unheimliches Bimmeln ertönte – wie in einem Agatha-Christie-Film – und dann erschien ein Butler an der Tür. Er verneigte sich und zog seinen schwarzen Hut. „Sie wünschen?", fragte er steif. Linus und Betty waren es nicht gewöhnt, gesiezt zu werden. „Wir kommen von der Schülerfirma der Erich-Kästner-Schule", stellte Betty sie beide vor. „Wir sollten hier beim Tapezieren helfen."
Der Butler brummte eine Antwort und ließ die beiden eintreten. Verschüchtert standen sie in der Vorhalle und betrachteten die vielen Gemälde aller einstigen Familienmitglieder, die hier wohl schon gewohnt haben mussten. Plötzlich hörten sie Schritte, dann betrat ein älterer Herr die Halle. „Von Grünberg", stellte er sich vor. „Oh, Herr von Grünberg, guten Tag", beeilte sich Linus zu sagen. „Wir kommen von der Schülerfirma und sollen hier beim Tapezieren helfen."
Der Alte runzelte die Stirn. „Kommt bitte mit. Ich zeige euch die Räume, die renoviert werden müssen."
Grünberg führte sie nun eine Treppe hinauf, dann einen langen Flur entlang. Am Ende des Ganges befanden sich drei Zimmer, der Raum ganz links hatte eine Blümchentapete, das Zimmer in der Mitte hatte helle Streifen und das ganz rechts war orange gestrichen. „In diesen Räumen haben meine Urgroßmutter und ihre beiden Schwestern gelebt, als sie noch klein waren", berichtete der Alte. „Eure Aufgabe soll es sein, die Tapete von den Wänden zu lösen. Ich will die Zimmer neu tapezieren lassen. In Zukunft möchte meine Tochter mit ihrem Mann und ihren Kindern hier leben. Da soll alles frisch renoviert sein, damit sie sich hier auch wohlfühlen." „Das machen wir zu gerne", beeilte sich Betty zu sagen.
„Was ist aus Ihrer Urgroßmutter und ihren Schwestern geworden?", fragte Linus höflich, nur um etwas zu sagen. „Haben sie später hier in der Nähe gewohnt?"
Der Alte schüttelte den Kopf. „Die älteste der drei lebte in Am**erika**", berichtete er. „Meine Urgroßmutter ist leider sehr früh gestorben, ein schreckliches Unglück. Sie hat ihrem Sohn – meinem Großvater – noch nicht mal **Ade le**bwohl sagen können."
Betty und Linus wussten nicht, was sie dazu sagen sollten. Der alte Mann tat ihnen leid. „Und meine andere Urgroßtante, die Jüngste von allen, **tat ja na**türlich alles, um ihrem Vater zu gefallen. Nach dem Tod der drei Schwestern hat zunächst mein Großvater das Haus geerbt. Er hat es dann mir weitervererbt. Ich trage den Namen meines Großvaters. Ich bin der einzige Grünberg der Familie", fuhr der Alte fort, und nun strahlte er über sein runzeliges Gesicht. „Jetzt wird mir das Haus aber zu groß und ich ziehe ins betreute Wohnen."
„Das wird bestimmt schön werden", erwiderte Betty. Gleichzeitig kroch ihr ein Schauer über den Rücken. Dieses Haus wirkte so düster und unheimlich. Betty wusste genau, dass sie niemals hier wohnen wollte.
Bevor sie das Zimmer betraten, entdeckte Betty über einer Kommode im Gang ein sehr altes Familiengemälde. Der alte Mann bemerkte ihren aufmerksamen Blick. „Das sind übrigens die drei Kinder von Felix und Lisbeth von Grünberg", erklärte er. „Es sind drei Schwestern."

Frage: Wie heißen die drei Töchter?

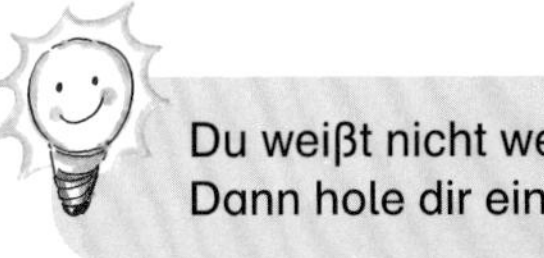

Das Blümchenzimmer

Linus und Betty starteten in dem Zimmer mit der Blümchentapete – dem Zimmer der Urgroßmutter von Herrn von Grünberg. Tapeten ließen sich am besten mit Wasserdampf und einem Spachtel ablösen, das hatten sie schon in der Schülerfirma gelernt. Betty hatte den Hochdruckreiniger ihrer Mutter mitbekommen, Linus hatte sich verschiedene Spachtel und eine Leiter besorgt. Dann machten sich die beiden an die Arbeit.

Das Blümchenzimmer war offensichtlich dreimal tapeziert worden, ohne die Tapete vorher abzuziehen, aber jedes Mal war Adele ihrem Geschmack treu geblieben. Die Blümchen blieben, nur die Farbe änderte sich. Die oberste Schicht zeigte bunte kleine Streublümchen, darunter wurde eine Schicht Rosentapete sichtbar, und die dritte und damit unterste Tapete zeigte violette Vergissmeinnicht.

„Die Frau muss ja ziemlich romantisch gewesen sein“, bemerkte Betty und lachte. Dann zog sie die oberste Tapete in langen Streifen ab. Die Rosentapete wurde nun sichtbar. Sie war besonders kitschig.

„Ein ganzes Zimmer voller Rosen. Dornröschen hätte sich sicherlich …“, begann Linus, dann aber brach er ab. „Was ist das denn?“, murmelte er.

Betty sprang von der Leiter und ging zu ihm. „Was meinst du?“, wollte sie wissen. Linus zeigte auf einen roten Spritzer an der Wand. „Guck mal. Was meinst du, was das ist?“

Betty betrachtete den Spritzer näher. „Ketchup würde ich sagen“, meinte sie.

„Ketchup? Anfang des 19. Jahrhunderts?“, fragte Linus und lachte. „Meinst du, sie hat Pommes rot-weiß gegessen?“

„Was meinst du denn, was es ist?“, wollte Betty wissen.

„Blut“, diagnostizierte Linus. „Wahrscheinlich wie bei Dornröschen. Sie hat sich in den Finger gestochen und …“ Er brach ab. Seine Augen wurden groß, das Gesicht blass. Vorsichtig löste er die obere Tapete von der darunterliegenden.

Wie erstarrt standen die beiden da und schauten auf die Buchstaben.

„Ich würde sagen, das ist auch Blut“, murmelte Betty.

„Vielleicht wurde sie ermordet und hat mit letzter Kraft etwas geschrieben“, überlegte Linus. „Vielleicht hat sie auch einen Hinweis auf den Mörder gegeben“, flüsterte Betty tonlos.

Du weißt nicht weiter?
Dann hole dir einen Tipp!

Fund unter dem Fußbodenbrett

Linus und Betty war unheimlich zumute, als sie das Zimmer erneut betraten.

Am liebsten hätten sie ihre Arbeit an jemand anderen abgeben. Aber irgendwie faszinierte es sie auch, in einem Zimmer zu arbeiten, in dem vielleicht ein Verbrechen stattgefunden hatte. Das Horrorzimmer nannten sie es nun. Und jetzt arbeiteten sie plötzlich mit viel Bedacht. Vielleicht ließen sich ja noch ganz andere Indizien finden.

Linus stellte nun die Leiter in eine Ecke, kletterte hinauf und machte sich an der Zimmerdecke zu schaffen. „Vielleicht finde ich ja noch einen Hinweis“, überlegte er. Plötzlich begann die Leiter zu wackeln. Linus schrie auf und sprang herunter.

„Was für ein Horror!“, fluchte er. „Ich habe total Schiss!“

„Beruhige dich. Es ist nur ein Fußbodenbrett locker“, stellte Betty fest. Sie schob die Leiter zur Seite und tastete den Holzboden ab. Tatsächlich. Ein Brett war nicht richtig befestigt. Vorsichtig hoben Linus und Betty es auf. Ein Briefumschlag lag unter dem Brett. Er war ganz vergilbt. Betty öffnete ihn vorsichtig. Eine Fotografie befand sich darin.

„Wer ist das?“, wollte Linus wissen.

„Woher soll ich das wissen?“, gab Betty zurück. „Aber vielleicht finden wir ja einen Hinweis im Bild.“

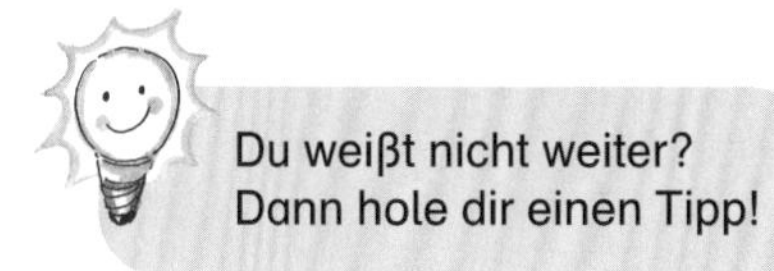

Die Familiengalerie

„Wer ist denn F?“, wollte Betty wissen.

„Lass uns noch mal ins Treppenhaus zurückkehren“, schlug Linus vor. „Vielleicht hängt ja dort in der Galerie ein Bild von ihm.“

Und das machen die beiden auch. Nachdenklich standen beide da und betrachteten die lange Galerie an Ahnen.

„Die sehen alle ziemlich dusselig aus“, stellte Betty schließlich fest.

„Und unheimlich auch“, ergänzte Linus. „Selbst einigen Frauen möchte ich nicht im Dunkeln begegnen.“

Plötzlich begann Betty zu lachen. „Guck mal, sogar die Katze haben sie als Portrait an der Wand. Sie heißt Kitty Grünberg.“

„Und wahrscheinlich war sie auch adelig“, überlegte Linus. „Eine echte Perserkatze bestimmt.“

„Sie hat allerdings keinen Adelstitel“, stellte Betty fest. Dann betrachtete sie die Menschen genauer. „Alles Liebe, F“, murmelte sie dabei. „Das wird wohl ein Mann gewesen sein.“

Sie sah alle Bilder genau an. Dann aber hatte sie das richtige Portrait entdeckt.

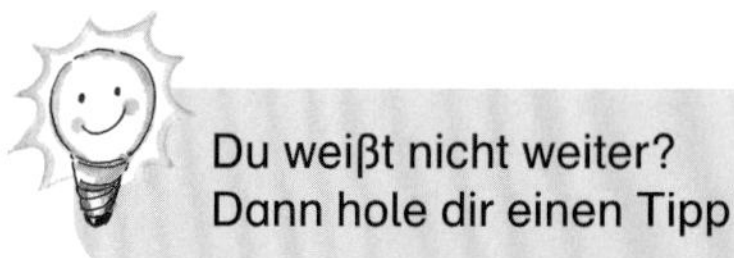

Der Familienstammbaum

Nachdem die beiden Schüler die Familiengalerie betrachtet hatten, zogen sie Bilanz.
„F. ist also Franz Fromm“, stellte Betty fest. „Und er scheint zur Familie zu gehören.“
„Vielleicht ist er Adeles Ehemann gewesen“, überlegte Linus.
„Das ist unwahrscheinlich“, gab Betty zurück. „Der Mann, dem dieses Haus gehört, heißt jedenfalls von Grünberg, so wie sein Großvater. Dann wird auch seine Mutter von Grünberg geheißen haben.“
„Aber eine Frau, die Fromm heißt, gibt es auch in der Familie“, fiel Linus auf. „Tatjana Fromm. Und Tatjana war doch eine der drei Schwestern.“
„Vielleicht hatte diese Frau von Grünberg ja eine Beziehung zu Tatjanas Mann“, überlegte Betty. „Dann muss sie sich nicht wundern, wenn sie ein Messer im Rücken stecken hatte.“
„Sie hat ihren Täter ja auch gekannt“, spekulierte Linus weiter. „Sie hat seinen Namen an die Rosentapete geschrieben.“
„Was auch immer“, seufzte Betty. „Wir müssen einen Stammbaum finden. Dann blicken wir durch, was die Familienbeziehung angeht.“
„Vielleicht finden wir in der alten Kapelle einen Hinweis in einem alten Kirchenbuch“, fiel Linus ein. „Ich habe gehört, dass Ahnenforscher immer da zuerst nachgucken.“
Das war eine gute Idee. Die beiden machten sich sofort auf den Weg zu der kleinen Kapelle. Und tatsächlich – in einem dicken Kirchenbuch fanden sie einen Stammbaum. Leider war er voller Stockflecken und vieles war nicht mehr lesbar. Sie versuchten die Namen zu vervollständigen.
„Und wer kommt nun als Täter in Frage?“, grübelte Betty.

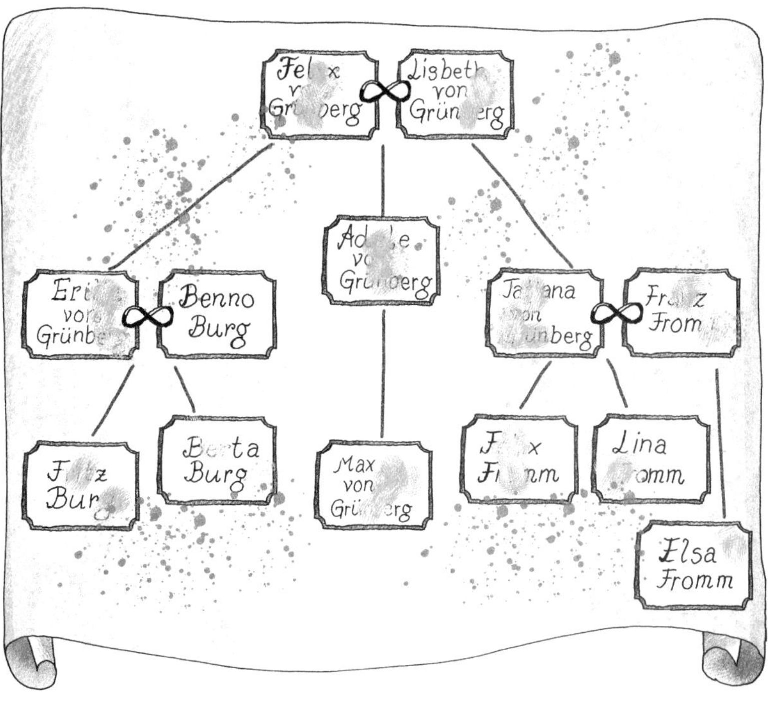

Du weißt nicht weiter?
Dann hole dir einen Tipp!

Familienanzeigen

„Ich hatte euch ja erzählt, dass meine Urgroßmutter früh verstorben ist. Wenn ich nun aber eure Beweise sehe, bin ich mir sicher, dass meine Urgroßmutter ermordet wurde und dass es sich bei dem Mord an meiner Urgroßmutter um ein Familiendrama handelte“, überlegte Herr von Grünberg. Betty und Linus hatten den alten Mann in ihre Überlegungen mit einbezogen. Er war nun sehr aufgebracht. „Meine Urgroßmutter hat ihrem Sohn, also meinem Großvater, immer erzählt, dass sein Vater noch vor seiner Geburt gestorben ist. Aber wenn ich eure Indizien sehe, wird mir klar, dass alles ganz anders war.“

„Vielleicht hätte ich etwas, das uns weiterhelfen könnte“, überlegte Herr von Grünberg. Dann stand er auf und verließ das Zimmer. Nach einer Weile kam er mit einem großen Karton zurück. Darin befanden sich zahlreiche Familienanzeigen. Nach einer Weile sagte Linus: „Jetzt ist alles klar. Ich weiß, wer der Mörder von Adele ist.“

Überglücklich geben wir die Geburt unser Tochter Tatjana bekannt:
12.12. 1826
Es freuen sich: Lisbeth und Felix von Grünberg.

In tiefer Trauer muss ich den Tod meiner Tochter Adele bekannt geben.
4.8.1866

Wir haben geheiratet:
Erika und Benno Burg
7.7.1843

Dieser Tag ist ein Sonnentag, denn mein Sohn Max wurde geboren.
4.5.1844

Wir werden am Sonntag in der Christus-Kirche getraut.
Elsa Fromm – Herbert Dinger
7.9.1874

Herzlich willkommen auf der Welt: Felix 8.3.1846!
Wir freuen uns sehr.
Tatjana und Franz Fromm.

Überglücklich geben wir die Geburt unserer Tochter Berta bekannt.
10.2. 1848

Nach langer schwerer Krankheit starb mein Mann, unser herzensguter Vater Felix von Grünberg.
2.1.1855

Plötzlich und unerwartet starb unsere Mutter und Schwiegermutter Lisbeth von Grünberg.
3.3. 1872

Du weißt nicht weiter?
Dann hole dir einen Tipp!

Die Villa Grünberg

Linus und Betty arbeiteten für die Schülerfirma ihrer Schule. Sie halfen beim Renovieren alter Häuser. An diesem Tag sollten sie in der Villa Grünberg beim Tapezieren helfen. Die Villa sah alt und ein wenig unheimlich aus. Linus und Betty klingelten. Kurze Zeit später öffnete ein Butler. Er verneigte sich tief. „Sie wünschen?“, fragte er steif.

„Wir kommen von der Schülerfirma der Erich-Kästner-Schule“, stellte Betty sie beide vor. „Wir sollen hier beim Tapezieren helfen.“

Der Butler brummte eine Antwort und ließ die beiden eintreten.

Ein älterer Herr betrat die Halle. „Mein Name ist von Grünberg. Kommt bitte mit. Ich zeige euch die Räume, die renoviert werden müssen.“

Grünberg führte sie einen langen Flur entlang. Am Ende des Ganges befanden sich drei Zimmer. Der Raum ganz links hatte eine Blümchentapete. Das Zimmer in der Mitte hatte helle Streifen und das Zimmer ganz rechts war orange gestrichen.

„In diesen Räumen haben meine Urgroßmutter und ihre beiden Schwestern gelebt“, berichtete der Alte. „Ihr sollt die Tapete von den Wänden lösen. Ich will die Räume neu tapezieren lassen.“

„Das machen wir zu gerne“, beeilte sich Betty zu sagen.

„Lebten Ihre Urgroßmutter und ihre Schwestern früher hier in der Nähe?“, fragte Linus. Der Alte schüttelte den Kopf. „Die älteste Urgroßtante lebte in Am**erika**“, berichtete er. „Meine Urgroßmutter ist leider früh gestorben. Ein schrecklicher Unfall. Sie hat meinem Großvater nicht mal **Ade le**bwohl gesagt.“

Betty und Linus wussten nicht, was sie dazu sagen sollten. Der alte Mann tat ihnen leid.

„Meine andere Urgroßtante war die Jüngste. Sie **tat ja na**türlich alles, um ihrem Vater zu gefallen. Ich habe dann das Haus geerbt. Ich bin der Großneffe, der einzige Grünberg der Familie.“ Der Alte lächelte nun. „Jetzt wird mir das Haus aber zu groß und ich ziehe ins betreute Wohnen.“

„Das wird bestimmt schön werden“, erwiderte Betty. Gleichzeitig kroch ihr ein Schauer über den Rücken. Dieses Haus war so unheimlich. Betty wusste genau, dass sie niemals hier wohnen wollte.

Frage: Wie heißen die drei Töchter?

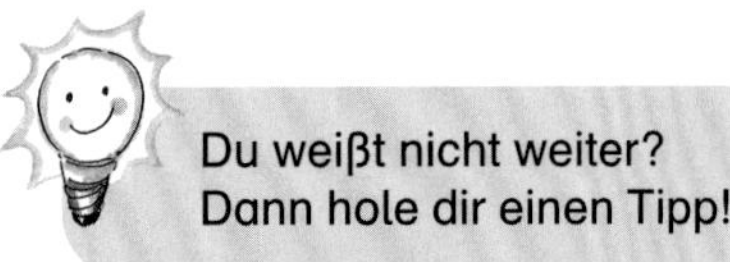

Das Blümchenzimmer

Tapeten ließen sich am besten mit Wasserdampf und einem Spachtel ablösen. Das hatten Betty und Linus schon in der Schülerfirma gelernt. Gemeinsam machten sich die beiden an die Arbeit. Das Blümchenzimmer war dreimal tapeziert worden. Nie aber war die Tapete abgelöst worden. Die oberste Schicht zeigte bunte kleine Streublümchen. Darunter wurde eine Schicht Rosentapete sichtbar. Die unterste Tapete zeigte violette Vergissmeinnicht.

„Die Frau war aber ziemlich romantisch", bemerkte Betty und lachte. Dann zog sie die oberste Tapete in langen Streifen ab. Die Rosentapete wurde nun sichtbar. Sie war total kitschig.

„Wie bei Dornröschen", bemerkte Linus. Dann aber brach er ab. „Was ist das denn?", murmelte er. Betty sprang von der Leiter und ging zu ihm. „Was meinst du?", wollte sie wissen. Linus zeigte auf einen roten Spritzer an der Wand. „Guck mal. Was ist das?"

Betty betrachtete den Spritzer näher. „Ketchup", meinte sie.

„Ketchup?", fragte Linus und lachte. „Zu der Zeit?"

„Was meinst du denn, was es ist?", wollte Betty wissen.

„Blut", diagnostizierte Linus. „Wahrscheinlich wie bei Dornröschen. Sie hat sich in den Finger gestochen und …"

Er brach ab. Seine Augen wurden groß, das Gesicht blass. Vorsichtig löste er die obere Tapete ab. Nun wurde ein roter Händeabdruck sichtbar. Und daneben stand in großen roten Buchstaben: HILFE.

Die beiden starrten auf die Buchstaben.

„Ich würde sagen, das ist auch Blut", murmelte Betty.

„Vielleicht wurde sie ermordet und hat mit letzter Kraft etwas geschrieben", überlegte Linus.

„Vielleicht hat sie auch einen Hinweis auf den Mörder gegeben", flüsterte Betty tonlos.

Du weißt nicht weiter?
Dann hole dir einen Tipp!

Fund unter dem Fußbodenbrett

Linus und Betty gingen erneut an die Arbeit. Aber ihnen war unheimlich zumute. Doch irgendwie war es auch spannend. In diesem Zimmer war offenbar eine Frau ermordet worden. „Horrorzimmer“ nannten sie es nun. Jetzt arbeiteten sie vorsichtiger. Vielleicht fanden sie ja noch mehr Indizien.

Linus kletterte die Leiter hinauf. „Vielleicht finde ich ja noch einen Hinweis“, überlegte er. Plötzlich begann die Leiter zu wackeln. Linus schrie auf und sprang herunter.

„Was für ein Horror!“, fluchte er. „Ich habe total Schiss!“

„Ruhig, ruhig. Ein Fußbodenbrett ist locker“, stellt Betty fest.

Sie schob die Leiter zur Seite. Dann tastete sie den Boden ab.

Tatsächlich. Unter einem Brett lag etwas: Ein Briefumschlag. Er war ganz vergilbt.

Betty öffnete ihn vorsichtig. Eine Fotografie befand sich darin.

„Wer ist das?“, wollte Linus wissen.

„Woher soll ich das wissen?“, gab Betty zurück.

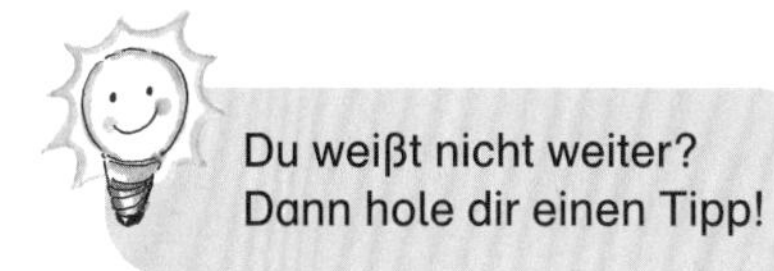

Die Familiengalerie

„Wer ist denn F?“, fragte Betty.

„Komm, wir gehen noch mal ins Treppenhaus“, schlug Linus vor. „Vielleicht hängt ja dort in der Galerie ein Bild von ihm.“

Zusammen gingen beide los. Im Treppenhaus stellten sie sich vor die großen Portraits und betrachteten sie. Es sind viele Bilder.

„Die sehen alle ziemlich dusselig aus“, meinte Betty.

„Und unheimlich auch“, ergänzte Linus. „Sogar die Frauen.“

Plötzlich lachte Betty los. „Guck mal. Da gibt es sogar eine Katze. Sie heißt Kitty Grünberg.“

„Bestimmt war sie auch adelig“, überlegt Linus. „Eine echte Perserkatze.“

„Sie heißt aber nicht von Grünberg, sondern nur Grünberg“, stellte Betty fest. Dann schaute sie sich alle genauer an. „Alles Liebe, F“, murmelte sie dabei. „Das war doch bestimmt ein Mann.“

Schließlich entdeckte sie das richtige Portrait.

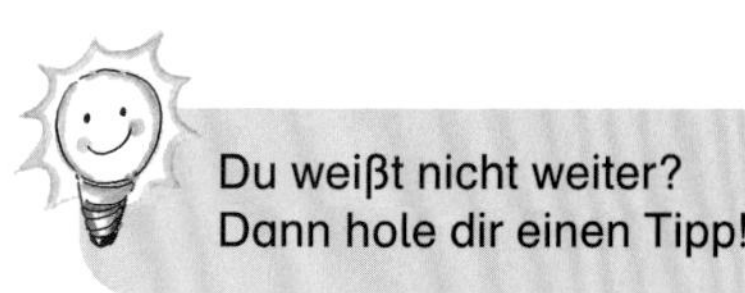

Der Familienstammbaum

Nachdem die beiden Schüler die Familiengalerie betrachtet hatten, wurde ihnen einiges klar. „F. ist also Franz Fromm“, stellte Betty fest. „Und er gehört zur Familie.“ „Vielleicht ist er Adeles Ehemann“, überlegte Linus.

„Nein“, gab Betty zurück. „Der Mann, dem dieses Haus gehört, heißt jedenfalls von Grünberg. Dann hieß auch seine Mutter von Grünberg.“

„Aber eine Frau, die Fromm heißt, gibt es auch in der Familie“, fiel Linus auf. „Tatjana Fromm. Sie war eine der drei Schwestern.“

„Vielleicht hatte diese Frau von Grünberg ja eine Beziehung zu Tatjanas Mann“, überlegte Betty. „Vielleicht wurde sie deswegen umgebracht.“

„Sie kannte den Täter jedenfalls“, spekulierte Linus weiter. „Sie hat seinen Namen ja an die Rosentapete geschrieben.“

„Wir müssen einen Stammbaum finden. Dann verstehen wir den Zusammenhang“, überlegte Betty.

In der kleinen Kapelle suchten die beiden Schüler schließlich nach einem Stammbuch und fanden ihn in einem alten Kirchenbuch. Leider war er voller Stockflecken. Vieles war nicht mehr lesbar.

Sie versuchten die Namen zu vervollständigen. Dann markierten sie die Namen, die als Täter in Frage kommen.

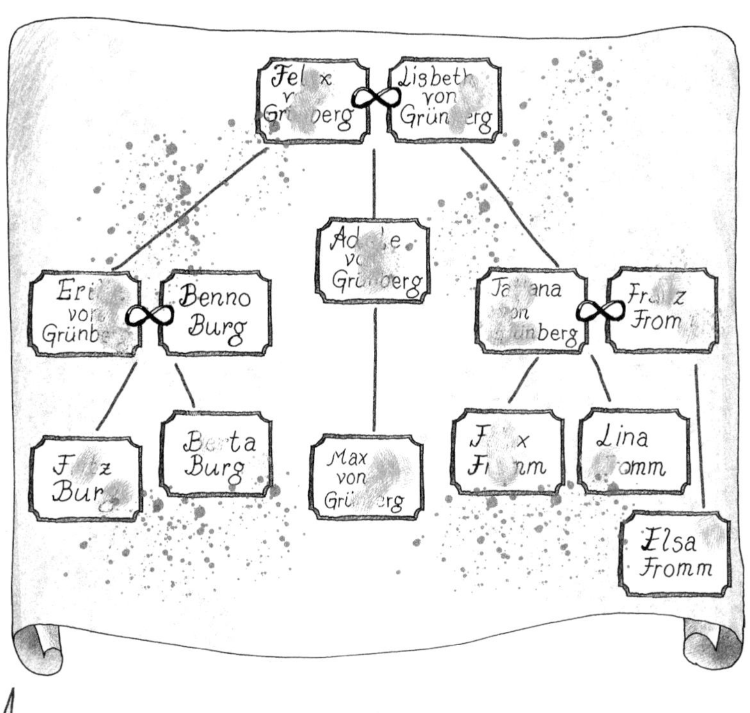

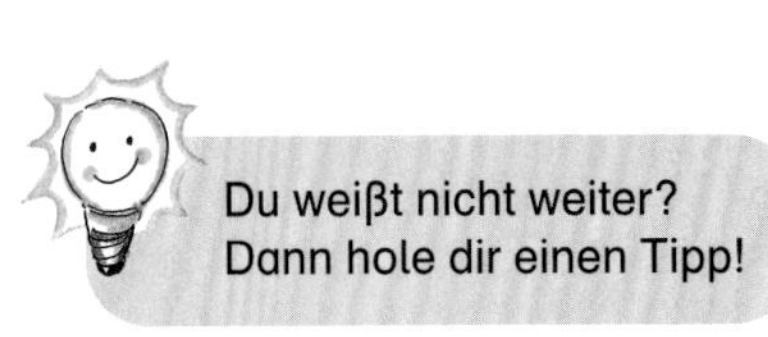

Familienanzeigen

Noch am selben Tag erzählten Betty und Linus dem alten Herrn von Grünberg alles. Der wurde sehr aufgeregt.

„Der Mord an meiner Urgroßmutter war bestimmt ein Familiendrama", überlegte er. „Sie sagte immer, der Vater ihres Sohnes wäre vor seiner Geburt gestorben. Aber wenn ich eure Indizien sehe, wird mir klar, dass alles ganz anders war."

„Und der Mörder hieß Felix", stellte Betty fest. „Diesen Namen hat sie auf die Tapete geschrieben."

„Es gibt nur zwei Männer, die so heißen", überlegte Herr von Grünberg. „Entweder es war mein Ururgroßvater Felix von Grünberg, oder es war mein Großcousin Felix Fromm."

Nun schwiegen alle drei ratlos.

„Da fällt mir etwas ein", rief Herr von Grünberg. Dann stand er auf und verließ das Zimmer. Nach einer Weile kam er mit einem großen Karton zurück. Viele Anzeigen lagen darin.

Überglücklich geben wir die Geburt unser Tochter Tatjana bekannt:
12.12. 1826
Es freuen sich: Lisbeth und Felix von Grünberg.

In tiefer Trauer muss ich den Tod meiner Tochter Adele bekannt geben.
4.8.1866

Dieser Tag ist ein Sonnentag, denn mein Sohn Max wurde geboren.
4.5.1844

Wir werden am Sonntag in der Christus-Kirche getraut.
Elsa Fromm – Herbert Dinger
7.9.1874

Wir haben geheiratet:
Erika und Benno Burg
7.7.1843

Herzlich willkommen auf der Welt: Felix 8.3.1846!
Wir freuen uns sehr.
Tatjana und Franz Fromm.

Nach langer schwerer Krankheit starb mein Mann, unser herzensguter Vater Felix von Grünberg.
2.1.1855

Überglücklich geben wir die Geburt unserer Tochter Berta bekannt.
10.2. 1848

Plötzlich und unerwartet starb unsere Mutter und Schwiegermutter
Lisbeth von Grünberg.
3.3. 1872

Du weißt nicht weiter? Dann hole dir einen Tipp!

Die Villa Grünberg

Die Villa Grünberg
Tipp 1: Du findest die Namen in den Sätzen, in denen der alte Mann von seinen Urgroßtanten erzählt.

Die Villa Grünberg
Tipp 2: Du findest die Namen, wenn du mehrere Wörter zusammenziehst, die nebeneinanderstehen.

Die Villa Grünberg
Lösung: Die Älteste lebte in Am**erika**. → Erika.
Sie hat noch nicht mal **Ade le**bwohl gesagt. → Adele.
Aber die jüngste Tochter **tat ja na**türlich alles, um ihrem Vater zu gefallen. → Tatjana

Das Blümchenzimmer

Das Blümchenzimmer
Tipp 1: In dem Wort HILFE verbirgt sich ein Name, wenn ein Buchstabe ausgetauscht wird

Das Blümchenzimmer
Tipp 2: Ersetze den Buchstaben H durch X.

Das Blümchenzimmer
Lösung: Bei dem Wort HILFE musst du das H gegen ein X austauschen. Wenn du nun die Buchstaben in anderer Reihenfolge ordnest, kommt Felix raus.

Fund unter dem Fußbodenbrett

Fund unter dem Fußbodenbrett
Tipp 1: Die Striche und Punkte um den Rand herum sind in einer Geheimschrift geschrieben.

Fund unter dem Fußbodenbrett
Tipp 2: Es handelt sich bei der Geheimschrift um das Morsealphabet.

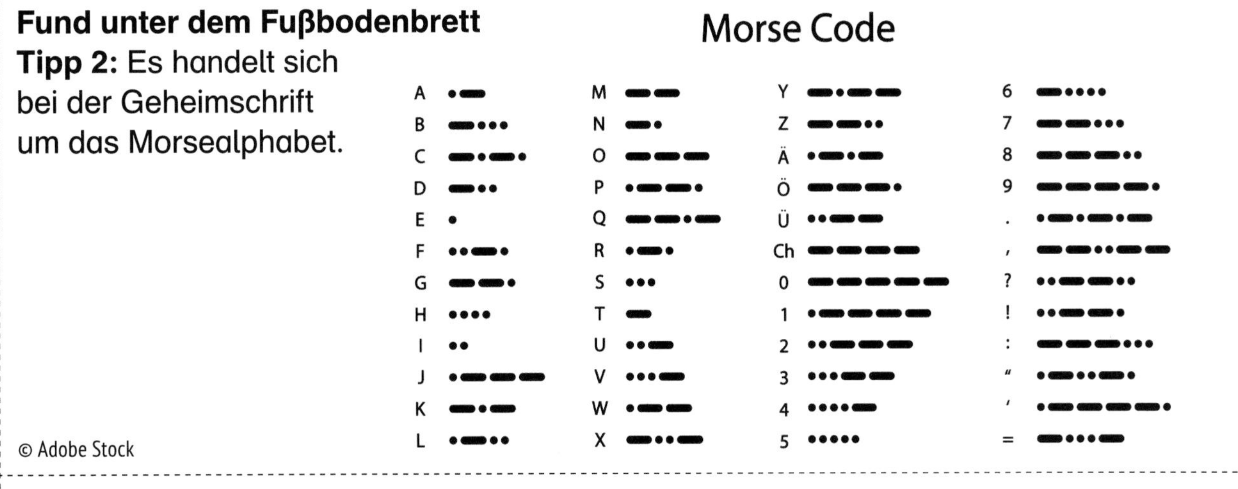

© Adobe Stock

Fund unter dem Fußbodenbrett
Lösung: Die Lösung lautet: Für immer in Liebe dein F.

Die Familiengalerie

Die Familiengalerie
Tipp 1: Es gibt drei Männer, die ein F im Vornamen haben.

Die Familiengalerie
Tipp 2: Das Portrait hängt genau in der Mitte.

Die Familiengalerie
Lösung: Der Mann heißt Franz Fromm

Der Familienstammbaum

Der Familienstammbaum
Tipp 1: Vervollständige den Stammbaum. Hole dir Hilfe aus der Familiengalerie.

Der Familienstammbaum
Tipp 2: Der Täter hat den Vornamen Felix. Markiere die Menschen, die in Frage kommen.

Der Familienstammbaum
Lösung:
Felix von Grünberg – Lisbeth von Grünberg

Erika von Grünberg – Benno Burg
Fritz Burg – Berta Burg

Adele von Grünberg
Max von Grünberg

Tatjana von Grünberg – Franz Fromm
Felix Fromm – Lina Fromm – Elsa Fromm

Familienanzeigen

Familienanzeigen
Tipp 1: Schreibe dir alle Familienereignisse heraus. Schreibe sie in eine Tabelle und ordne sie so:

Name	geboren	geheiratet	gestorben

Vergleiche sie miteinander.

Familienanzeigen
Tipp 2: Schau dir die Todeszeitpunkte genauer an.

Familienanzeigen
Lösung:

	geboren	geheiratet	gestorben
Herbert Dinger		7.9.1874	
Tatjana Fromm	12.12.1826		
Adele von Grünberg			4.8.1866
Max von Grünberg	4.5.1844		
Felix von Grünberg			2.1.1855
Felix Fromm	8.3.1846		
Elsa Fromm		7.9.1874	
Benno Burg		7.7.1843	
Erika Burg		7.7.1843	
Berta Burg	10.2.1848		
Lisbeth von Grünberg			3.3.1872

Der Vater Felix von Grünberg starb, bevor Adele von Grünberg ermordet wurde. Also kann er nicht als Täter in Frage kommen. Es ist Felix Fromm.

Die Villa Grünberg

Episodenaufgabe:
Welche Namen kommen noch in der Geschichte vor? Kreise sie ein.

Erich – Magnus – Michaela – Betty – Konstantin – Linus

Lösung des Rätsels:

____

Das Blümchenzimmer

Episodenaufgabe:
Hier findet ihr neun weitere Hinweise über den Mord.

M	S	A	N	G	S	T	K	S	O
E	P	A	N	I	K	M	A	N	N
S	U	N	G	E	L	O	E	S	T
S	E	B	L	U	T	R	P	L	O
E	L	I	E	B	E	D	E	Z	D
R	B	E	U	T	N	E	N	S	O

Lösung des Rätsels:

____

Fund unter dem Fußbodenbrett

Episodenaufgabe:
Bei diesen Wörtern fehlen die Vokale. Suche die Wörter heraus.

Zmmr ______________, Ltr ______________,

Fßbdnbrtt ______________, Ftgrf ______________

Lösung des Rätsels:

____

Die Familiengalerie

Episodenaufgabe:
Welcher Vorname gehört zu welchem Nachnamen? Ordne zu.

Lisbeth	
Tatjana	Grünberg
Kitty	Fromm
Berta	Burg
Felix	

Lösung des Rätsels:

____

Der Familienstammbaum

Episodenaufgabe:
Stelle anhand des Stammbaums Familienzugehörigkeiten fest:

Wen heiratete die jüngste der Grünberg-Kinder?
Wie viele Enkelkinder hatten Felix und Lisbeth von Grünberg?
Wie heißt Fritz Burgs Schwester?
Wie viele Cousins hat Lina Fromm?

Lösung des Rätsels:

____

Familienanzeige

Episodenaufgabe:
Wie hängt alles zusammen? Ergänze den Lückentext.

Adele von Grünberg hatte eine Beziehung zu ____________________.

Er war auch der Vater ihres Sohnes ____________________.

Franz Fromm war allerdings mit ____________________ verheiratet.

____________________ erfuhr von der Beziehung zwischen seinen Vater und seiner Tante.

An einem warmen Sommertag erstach er ____________________.

Lösung des Rätsels:

____

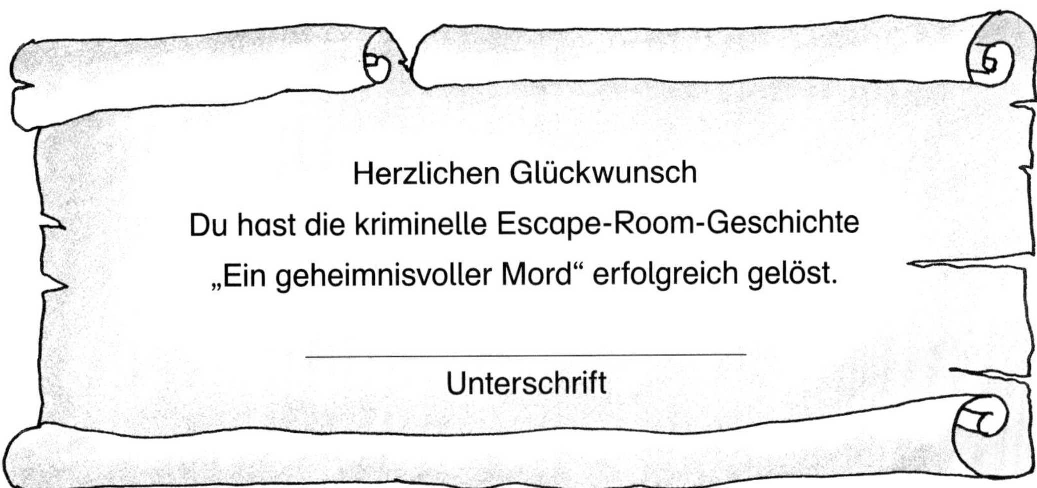
Herzlichen Glückwunsch
Du hast die kriminelle Escape-Room-Geschichte
„Ein geheimnisvoller Mord“ erfolgreich gelöst.
Unterschrift

Die Villa Grünberg

Erich – Betty – Linus

Das Blümchenzimmer

Angst, Panik, Mann, ungelöst, Blut, Liebe, Messer, Mord, Tod

Fund unter dem Fußbodenbrett

Zimmer, Leiter, Fußbodenbrett, Fotografie

Die Familiengalerie

Lisbeth von Grünberg
Kitty Grünberg
Felix von Grünberg
Tatjana Fromm
Berta Burg

Der Familienstammbaum

Die jüngste Tochter Tatjana heiratete Franz Fromm.
Felix und Lisbeth von Grünberg hatten sechs Enkelkinder.
Fritz Burgs Schwester heißt Berta.
Lina Fromm hat zwei Cousins: Max und Fritz.

Familienanzeige

Adele von Grünberg hatte eine Beziehung zu **Franz Fromm**.

Er war auch der Vater ihres Sohnes **Max von Grünberg**.

Franz Fromm war allerdings mit **Tatjana** verheiratet.

Felix Fromm erfuhr von der Beziehung zwischen seinem Vater und seiner Tante.

An einem warmen Sommertag erstach er **Adele von Grünberg**.